Saberes y comportamientos culturales

Daida Romero

A1/A2

Edinumen

ISBN - Libro del Alumno: 978-84-9848-909-5
Depósito Legal: M-22278-2017

Impreso en España
Printed in Spain

Edición:
Amelia Guerrero

Diseño y maquetación:
Sara Serrano y Juanjo López

Fotografías:
Archivo Edinumen, Antonio Arias, Gaultier Dumas y Sara Serrano

Impresión:
Gráficas Glodami

EXTENSIÓN DIGITAL en ELEteca

Un espacio en constante actualización

- Las actividades de este libro se amplían y complementan en nuestra plataforma educativa.
- Para acceder a este espacio, entra en la **ELEteca** (https://eleteca.edinumen.es), activa el código que tienes a continuación y sigue las instrucciones.

CÓDIGO DE ACCESO

sSPN7zAeyS

Para más información, consultar los términos de uso de la ELEteca.

Editorial Edinumen
José Celestino Mutis, 4. 28028 Madrid. España
Teléfono: (34) 91 308 51 42
Fax: (34) 91 319 93 09
e-mail: edinumen@edinumen.es
www.edinumen.es

Introducción

A la hora de aprender una lengua, además de las reglas gramaticales o los contenidos lingüísticos que se estudian en los manuales, existen otros conocimientos que, no por menos útiles o interesantes, suelen quedar, por diferentes motivos, relegados a un segundo plano, como es el caso del componente sociocultural.

Saberes y comportamientos culturales surge ante la necesidad de los profesores y el interés de los estudiantes de español de disponer de un material que aborde ese componente, haciéndolo además de un modo accesible, coherente y organizado.

Este libro está concebido como material complementario para las clases de ELE o bien como manual de referencia para clases o sesiones de cultura.

A través de un breve recorrido por la cultura de **España e Hispanoamérica**, se presentan no solo contenidos factuales, como pueden ser la lengua, la historia, la geografía, el arte, las costumbres…, sino también aquellos relacionados con aspectos como las creencias, los valores o los símbolos. Estos contenidos –en forma de saberes y comportamientos– permitirán acercar al estudiante a una nueva realidad sociocultural y servirán como una primera aproximación a algunos de sus aspectos más relevantes, siendo conscientes de las limitaciones que supone plasmar en un solo manual la enorme riqueza y diversidad de las culturas que conviven en España y en los países de Hispanoamérica.

Compuesto por **50 breves unidades**, y tomando como punto de referencia los inventarios correspondientes a la primera fase o fase de aproximación de los *Referentes Culturales y Saberes y comportamientos culturales del Plan Curricular del Instituto Cervantes* (PCIC), este manual presenta los contenidos de mayor accesibilidad y universalidad adecuados a un estudiante de un nivel umbral, es decir, los relacionados con temas más cercanos a sus experiencias cotidianas: el conocimiento sobre el modo de vida, la identidad colectiva, la organización social, las relaciones interpersonales, etc.

La independencia temática de las unidades permite seguir la secuenciación propuesta en el índice o aplicar otros criterios de selección en función de los distintos intereses o necesidades del aula.

Nuestra finalidad es ayudar al estudiante a entender mejor la lengua que aprende y a poner en relación sus competencias lingüísticas con el conocimiento de aspectos socioculturales que lo conducirán a comportarse de un modo más acertado según la situación comunicativa en que se encuentre dentro del mundo hispanohablante. Al mismo tiempo, asomarse a otras realidades le permitirá trabajar la interculturalidad y romper barreras culturales.

¡Ahora solo falta elegir un tema!

Contenidos del libro

MAPAS en las páginas iniciales y finales del libro para realizar y corregir algunas de sus actividades.

ÍNDICE detallado con el tema, los contenidos y los objetivos de cada unidad tomando como referencia los inventarios del PCIC.

Las unidades pueden trabajarse siguiendo el orden en el que aparecen en el índice o en función de los intereses del profesor o necesidades de los estudiantes.

PORTADILLAS a doble página con sugerentes imágenes y un cuestionario que introducen los contenidos de cada bloque de diez unidades.

Estas portadillas permitirán despertar el interés de los alumnos y sondear sus conocimientos previos (si se utilizan al inicio del bloque), o comprobar, a modo de repaso, lo que han aprendido (si se utilizan una vez finalizado este).

50 UNIDADES a doble página en las que se abordan los referentes culturales y los comportamientos socioculturales del mundo hispanohablante descritos en el PCIC para los niveles A1 y A2.

Actividades para trabajar en el aula el componente cultural y la interculturalidad a través de las diferentes destrezas.

TIPOS DE ACTIVIDADES

individuales	de comprensión lectora	de expresión escrita
en parejas	de comprensión auditiva	de léxico
en grupo	de interacción oral	con Internet

Disponibles en nuestra plataforma digital **ELEteca** (eleteca.edinumen.es) las claves de las actividades, las audiciones y sus transcripciones, y las imágenes y los mapas proyectables para trabajar de forma alternativa.

Índice

Unidad (tema)	Contenidos	Objetivos
13. Piensa en verde (Parques y zonas verdes) **Pág. 40**	- Parques hispanos famosos: El Retiro, parque Metropolitano, parque Chapultepec y parque de María Luisa. - Elementos habituales en los parques. - Comportamientos relacionados con el uso y disfrute de parques y zonas verdes. - Servicios ofrecidos por los parques.	- Conocer la realidad hispana en relación con las zonas verdes urbanas.
14. No siempre es gratis (Servicios culturales) **Pág. 42**	- Principales servicios ofrecidos por las bibliotecas. - Algunos museos relevantes de países hispanos: el Prado, el museo Picasso, el MALBA, etc. - Horarios y precios de las entradas a los museos.	- Conocer la realidad social del mundo hispanohablante en relación al acceso a la cultura.
15. La buena educación (Educación) **Pág. 44**	- Ciclos educativos en los países del mundo hispano. - Tipos de centros de enseñanza. - Obligatoriedad y gratuidad de la educación. - Instalaciones y servicios de los centros educativos.	- Conocer de forma general de los sistemas educativos de los países del mundo hispano.
16. Buscando trabajo (Trabajo) **Pág. 46**	- Clasificación de los individuos según su situación en relación al mercado laboral. - Encontrar trabajo, ofertas de empleo. - La prestación de desempleo en los países hispanos.	- Conocer la realidad del mundo hispano en relación al mundo laboral.
17. Doctor, doctor (Sanidad) **Pág. 48**	- El sistema sanitario público en España y en Colombia. - Tipos de centros de asistencia sanitaria: el centro de salud y el hospital.	- Conocer los aspectos más generales de la sanidad en algunos países hispanohablantes.
18. Extranjeros (Inmigración) **Pág. 50**	- El fenómeno de la inmigración en Chile y en España. - Permisos de residencia en Chile. - Los costos de la vida en Chile.	- Conocer algunos aspectos de la inmigración en países de habla hispana.
19. Felices Fiestas (Fiestas internacionales) **Pág. 52**	- Fiestas internacionales. - La Navidad y el Año Nuevo en los países hispanos. - Elementos y costumbres asociados a la Navidad.	- Conocer los aspectos más generales de la festividad navideña en el mundo hispano.
20. De compras (Compras) **Pág. 54**	- Tipos de establecimientos de alimentación en países hispanohablantes. - El mercado de La Boquería y el mercado de Chichicastenango.	- Conocer los diferentes tipos de establecimientos y mercados de alimentación en algunos países hispanoamericanos.
21. Tengo hambre (Comidas) **Pág. 58**	- Comidas, alimentos e ingredientes característicos de los países hispanos. - Horarios de las comidas principales en España y México.	- Conocer los horarios de las comidas en el mundo hispano y los alimentos más habituales
22. Saboreando (Gastronomía típica) **Pág. 60**	- La comida a domicilio. - Platos típicos en diferentes países hispanos: la paella, los tamales, el gallo pinto y las fajitas.	- Conocer algunos platos típicos de la gastronomía del mundo hispanohablante.
23. Hoy comemos fuera (Restaurantes) **Pág. 62**	- Tipos de establecimientos para comer más comunes en los países hispanos. - Conceptos de carta y menú: tapas, raciones, pinchos, aperitivos...	- Conocer el funcionamiento de algunos establecimientos de hostelería en el mundo hispanohablante.
24. Feliz cumpleaños (Celebraciones) **Pág. 64**	- Convenciones sociales en la celebración del cumpleaños en los países hispanos. - Elementos relacionados con los cumpleaños. - Canciones de cumpleaños hispanas.	- Conocer las convenciones sociales hispanas en la celebración del cumpleaños.
25. Periódicos hispanos (Prensa escrita) **Pág. 66**	- Algunos de los principales periódicos de los países hispanos. - Comportamientos sociales relacionados con la lectura de prensa. - Establecimientos en los que comprar periódicos y publicaciones periódicas.	- Conocer algunos aspectos relacionados con la prensa escrita de los países de habla hispana.

Unidad (tema)	Contenidos	Objetivos
26. Aplausos (Televisión) Pág. 68	- Tipos de programas de televisión en los países hispanohablantes. - Programaciones y horarios de algunas cadenas de televisión hispanas. - Comportamientos asociados al consumo de la televisión.	- Conocer algunos aspectos relacionados con la televisión de los países de habla hispana.
27. Aló (Teléfono e Internet) Pág. 70	- Convenciones sociales en las conversaciones telefónicas. - Compañías de telefonía de algunos países hispanohablantes. - Hábitos de uso del teléfono inteligente en España.	- Conocer aspectos relacionados con las conversaciones telefónicas y el uso del teléfono móvil en los países hispanos.
28. ¿Qué me pongo? (Moda) Pág. 72	- Forma de vestir en los países hispanohablantes. - Tallas y números en diferentes países. - Fabricantes de ropa hispanos conocidos internacionalmente: Zara.	- Conocer algunos aspectos referentes a la vestimenta de los hispanohablantes.
29. Tiempos de libertad (Ocio) Pág. 74	- Concepto de ocio. - Actividades de ocio más frecuentes entre los hispanohablantes.	- Conocer las actividades de ocio más frecuentes en la población hispanohablante.
30. Próxima parada (Viajes largos) Pág. 76	- Comportamientos relacionados con la planificación y desarrollo de viajes. - Compañías aéreas representativas. Logotipos y siglas. - Adquisición de billetes. - Tipos de billetes de avión.	- Conocer de manera general algunos aspectos relacionados con la planificación y desarrollo de viajes en avión.
31. El viaje de Ana (Viajes y turismo) Pág. 80	- Atractivos turísticos representativos de capitales hispanas: el cerro de Montserrat, el Malecón, la avenida Corrientes, la Cibeles, el Zócalo.	- Conocer algunos atractivos turísticos de capitales hispanas.
32. Festipedia (Fiestas populares) Pág. 82	- Fiestas populares hispanas. - Feria de Abril, Día de Muertos, Día del Palo Volador.	- Conocer algunas fiestas populares de países hispanohablantes.
33. Al fresco (Actividades al aire libre) Pág. 84	- Actividades al aire libre practicadas por los hispanohablantes. - Actividades deportivas en la naturaleza practicadas en España e Hispanoamérica.	- Conocer las actividades al aire libre practicadas por los hispanohablantes.
34. ¡Goool! (Deportes) Pág. 86	- Deportes más populares en los países hispanohablantes. - Estrellas deportivas hispanas con proyección internacional. - Instalaciones públicas destinadas a la práctica de deportes.	- Conocer algunos aspectos importantes del mundo hispano relacionados con mundo del deporte y del ejercicio físico.
35. El séptimo arte (Cine) Pág. 88	- Películas de éxito en el cine hispano: *Habanastation*, *El secreto de sus ojos*, *Amores Perros*, *El laberinto del fauno* y *La estrategia del caracol*. - Directores y actores hispanohablantes.	- Conocer algunas películas de éxito del cine hispano.
36. Cuéntame un cuento (Literatura) Pág. 90	- Grandes escritores hispanos. - Obras literarias hispanas de proyección internacional. - Miguel Ángel Asturias, Camilo José Cela, Isabel Allende, Mario Vargas Llosa y Gabriel García Márquez.	- Conocer grandes escritores hispanos y algunas de sus obras.
37. Sonidos hispanos (Música) Pág. 92	- Música y cantantes hispanos conocidos internacionalmente. - Shakira, Juan Luis Guerra, Maná, Los Fabulosos Cadillacs, Chambao y Don Omar. - Algunas canciones hispanas de éxito.	- Conocer personajes del mundo de la música en español con proyección internacional.
38. Me paso el día bailando (Danza) Pág. 94	- Bailes populares hispanos con proyección internacional. - El tango, la salsa, la cumbia, el flamenco. - Intérpretes y canciones representativas.	- Conocer algunos bailes representativos de los países hispanos.

Unidad (tema)	Contenidos	Objetivos
39. Pinta, pinta... (Pintura) Pág. 96	- Importancia y lugar que ocupan algunas obras pictóricas del mundo hispano en la historia de la pintura universal. - *Las Meninas*, *Las señoritas de Avignon* y *Autorretrato con collar de espinas*.	- Conocer obras pictóricas del mundo hispano en la historia de la pintura universal.
40. Diseños (Arquitectura) Pág. 98	- Arquitectos hispanohablantes con proyección internacional: Antoni Gaudí y Luis Barragán. - El Parque Güell y la Casa Gilardi.	- Conocer algunos arquitectos hispanohablantes de fama internacional y sus obras más representativas.
41. Inventa (Inventores hispanos) Pág. 102	- Inventores hispanohablantes y su aportación al mundo. - Algunos inventos con sello hispano: el chupachups, la fregona, el futbolín...	- Conocer algunos inventores hispanos y su aportación al mundo.
42. Viaje en el tiempo (Historia de España) Pág. 104	- Historia de la Península Ibérica hasta los Reyes Católicos. - Diferentes pueblos y culturas anteriores a la Reconquista. - Legado histórico y cultural de estos pueblos.	- Conocer los orígenes del territorio hispanohablante de la Península Ibérica.
43. Hispanoamérica precolombina (Historia de Hispanoamérica) Pág. 106	- Culturas precolombinas. - Los aztecas, los mayas, los incas y los muiscas. - Legado histórico y cultural de estas civilizaciones.	- Conocer la historia precolombina de Latinoamérica.
44. Historias (Personajes históricos) Pág. 108	- Algunos personajes importantes de la historia de los países hispanohablantes. - Don Pelayo, los Reyes Católicos, Moctezuma II, Manco Cápac y Boabdil.	- Conocer algunos personajes importantes de la historia de los países hispanohablantes.
45. Recuerdos del pasado (Lugares históricos) Pág. 110	- Lugares históricos relevantes de los países hispanohablantes. - Ruinas de Numancia, Acueducto de Segovia, La Alhambra, ruinas de Palenque y Castillo San Felipe.	- Conocer algunos lugares relacionados con la historia de los países hispanohablantes.
46. Acontecimientos (Acontecimientos importantes) Pág. 112	- Grandes acontecimientos sociales en los países hispanos. - La apertura del canal de Panamá, el descubrimiento de las ruinas de Machu Picchu y la muerte de Francisco Franco.	- Conocer grandes acontecimientos sociales de algunos países hispanos.
47. Variantes del español (Variedades lingüísticas) Pág. 114	- Variedades lingüísticas de algunas zonas hispanohablantes. - El tuteo y el voseo. - Tratamiento de *ustedes/vosotros* en las zonas hispanohablantes. - Generalización de *usted* en algunas zonas hispanohablantes.	- Conocer las variedades lingüísticas en algunas zonas hispanohablantes relacionadas con el uso de algunos pronombres personales.
48. Así, sí (Normas sociales) Pág. 116	- Elementos de la comunicación no verbal del español y de la cultura hispanohablante. - Proxémica, puntualidad y contacto físico.	- Conocer algunos elementos de la comunicación no verbal del español y de la cultura hispanohablante.
49. Entre culturas (Intercultura) Pág. 118	- Concepto de cultura, interculturalidad, pluriculturalidad, multiculturalidad y conciencia intercultural.	- Conocer conceptos relacionados con la cultura y con espacios pluriculturales.
50. País a país (Países) Pág. 120	- Referentes políticos, territoriales, humanos, gastronómicos, geográficos, culturales y artísticos del mundo hispano.	- Conocer a fondo los referentes más importantes de los países hispanohablantes de distintos ámbitos.

Mapas Pág. 122

Groenlandia (DINAMARCA)
ISLANDIA
NORUEGA
DINAMARCA
CANADÁ
IRLANDA
REINO UNIDO
PAÍSES BAJOS
BÉLGICA
LUXEMBURGO
FRANCIA
SUIZA
ANDORRA
PORTUGAL
ESPAÑA
ESTADOS UNIDOS
MARRUECOS
ARGELIA
MÉXICO
BAHAMAS
CUBA
REPÚBLICA DOMINICANA
(SAHARA OCCCIDENTAL)
Trópico de Cáncer
HAITÍ
Puerto Rico (EE.UU.)
JAMAICA
ANTIGUA Y BARBUDA
BELICE
MAURITANIA
MALÍ
HONDURAS
DOMINICA
GUATEMALA
SENEGAL
NICARAGUA
GAMBIA
BARBADOS
EL SALVADOR
BURKINA FASO
COSTA RICA
GUINEA-BISÁU
GUINEA
GHANA
BENÍN
VENEZUELA
PANAMÁ
SIERRA LEONA
COSTA DE MARFIL
GUYANA
Guayana Francesa (FRANCIA)
SURINAM
LIBERIA
COLOMBIA
TOGO
Ecuador
GUINEA ECUATORIAL
ECUADOR
PERÚ
BRASIL
BOLIVIA
PARAGUAY
Trópico de Capricornio
CHILE
URUGUAY
ARGENTINA

RUSIA
FINLANDIA
LETONIA
BIELORRUSIA
UCRANIA
MOLDAVIA
RUMANÍA
BULGARIA
MACEDONIA
GRECIA
TURQUÍA
GEORGIA
ARMENIA
AZERBAIYÁN
KAZAJISTÁN
MONGOLIA
UZBEKISTÁN
KIRGUISTÁN
TURKMENISTÁN
TAYIKISTÁN
CHINA
COREA DEL NORTE
COREA DEL SUR
JAPÓN
CHIPRE
SIRIA
LÍBANO
ISRAEL
IRAK
IRÁN
AFGANISTÁN
JORDANIA
KUWAIT
PAKISTÁN
NEPAL
BUTÁN
EGIPTO
BARÉIN
CATAR
ARABIA SAUDITA
OMÁN
EMIRATOS ÁRABES UNIDOS
BANGLADÉSH
INDIA
MYANMAR (BIRMANIA)
LAOS
REP. DE CHINA
SUDÁN
ERITREA
YEMEN
YIBUTI
TAILANDIA
CAMBOYA
VIETNAM
FILIPINAS
SUDÁN DEL SUR
ETIOPÍA
SRI LANKA
BRUNÉI
MALASIA
SOMALIA
SINGAPUR
UGANDA
KENIA
MALDIVAS
RUANDA
EP. DEMOCRÁTICA DEL CONGO
BURUNDI
INDONESIA
TANZANIA
SEYCHELLES
COMORAS
MALAUI
TIMOR ORIENTAL
ZAMBIA
ZIMBABUE
MOZAMBIQUE
MADAGASCAR
BOTSUANA
AUSTRALIA
SUAZILANDIA
LESOTO
SUDÁFRICA

¿Sabes...

1. cuántas personas hablan español en el mundo?
2. en qué países se habla español?
3. cuáles son las capitales de España, Perú y México?
4. qué moneda usan en estos países?
5. por qué países de habla hispana pasa el Amazonas?
6. en qué país hispano se encuentra uno de los lagos más altos del mundo y cuál es su nombre?
7. en qué hemisferio se encuentra España? ¿Y Perú?
8. cuáles son los meses de verano en Buenos Aires? ¿Y en Madrid?
9. cómo es físicamente la población hispanohablante?
10. cuántas razas hay en Hispanoamérica?
11. cuál es la religión mayoritaria del mundo hispano?
12. qué nombres de hombre y mujer son más populares en el mundo hispano?
13. qué importancia tiene la familia para los hispanos?
14. cuántos miembros suele tener una familia hispana?
15. cómo se saludan los hispanohablantes?
16. cómo se despiden?
17. qué horarios tienen los hispanohablantes en un día normal?
18. cuándo tienen vacaciones?

Una lengua viva

UNIDAD 1

1. Observad las imágenes y, en parejas, relacionadlas con los países que aparecen en el recuadro. ¿Qué tienen en común estos países?

- ◯ Colombia
- ◯ Argentina
- ◯ México
- ◯ España
- ◯ Guatemala
- ◯ Cuba
- ◯ Venezuela
- ◯ Perú

1.1. Ahora, relacionad las imágenes de la actividad 1 con los siguientes temas.

Historia .... (h)	Arquitectura .... ◯	Baile .... ◯	Fiesta .... ◯
Comida .... ◯	Paisaje .... ◯	Bebida .... ◯	Población .... ◯

2. De los temas de la actividad anterior, piensa en lo más representativo de tu país y coméntalo con tu compañero.

2.1. Haz un póster o presentación titulado "Mi cultura" con imágenes que representen la cultura de tu país. Puedes usar Internet o revistas. Después, preséntalo a tus compañeros.

3. ¿Qué sabes del español en el mundo? En parejas, responded a las siguientes preguntas.

1. ¿Cuántas personas hablan español en el mundo?
   - a. Más de 300 millones de personas.
   - b. Más de 400 millones de personas.
   - c. Más de 500 millones de personas.
2. Señala dónde es oficial el español.
   - a. En EE. UU.
   - b. En Honduras.
   - c. En Brasil.
3. ¿Cuál crees que es la lengua más estudiada después del inglés?
   - a. El español.
   - b. El francés.
   - c. El alemán.
4. ¿Dónde el español se habla pero no es lengua oficial?
   - a. En Andorra.
   - b. En Jamaica.
   - c. En Belice.

3.1. Lee el texto y comprueba tus respuestas de la actividad 3.

¿POR QUÉ ESTUDIAR ESPAÑOL?

En el mundo, existen más de 6 000 lenguas diferentes. Aquí tienes una buena razón para elegir, de entre ellas, el español:

Es la segunda lengua de comunicación internacional. En total, se calcula que hablan español casi 567 millones de personas. El español o castellano es la segunda lengua más hablada del mundo por hablantes nativos, después del chino mandarín. Es oficial en muchos países como España, la mayoría de países de Latinoamérica y Guinea Ecuatorial. Además, podemos encontrar una gran cantidad de hispanohablantes en países donde el español no es oficial, como Estados Unidos, Canadá, Filipinas, Andorra o Belice.

Según el *Primer informe Berlitz sobre el estudio del español en el mundo* (2005), el inglés, el francés, el español y el alemán, en este orden, son las lenguas más estudiadas como lengua extranjera. ¡Se calcula que somos más de 21 millones de estudiantes de español!

Información recogida de *El español, lengua viva* (Instituto Cervantes, 2016)

3.2. Ahora, contesta a las preguntas en el primer cuadro y, después, entrevista a tus compañeros. Si necesitas ayuda, puedes consultar Internet.

a. ¿Cuántas personas hablan tu lengua?

b. ¿En qué países se habla tu lengua?

c. ¿Aprenden muchas personas tu lengua?

Alumno A	Alumno B	Alumno C

4. Este es el escudo de ASALE. ¿Sabes qué es? Escucha la audición y responde a las preguntas.

a. ¿Qué es ASALE? ....

b. ¿Cuál es el objetivo de ASALE? ....

c. ¿Cuántas academias forman ASALE? ....

4.1. Vuelve a escuchar y marca en el mapa de las páginas 10-11 los países en los que hay academias de ASALE (en total hay 23).

4.2. ¿Existe una institución como ASALE para tu lengua? ¿Crees que es positivo? ¿Por qué?

5. Ahora, en tu cuaderno, haz una lista de tus razones para aprender español. Después, compártelo con tus compañeros. ¿Coincidís?

Países y ciudades hispanohablantes

UNIDAD 2

1. La siguiente información pertenece a seis capitales de países hispanohablantes. En parejas, clasificad cada una en su ciudad correspondiente y escribid el país al que pertenece cada ciudad. Si necesitáis ayuda, buscad en Internet.

a Caminito La Boca

b La Candelaria

c Costa Verde

d El Oso y el Madroño

e Plaza Altamira

f Área Polancos

g Casa Rosada

h Catedral de Bogotá

i Catedral en la plaza de Armas

j Palacio Real

k Paseo de la Reforma

l Las montañas del parque El Ávila

N.° aproximado de habitantes: más de 9 millones | entre 8 y 9 millones | entre 3 y 4 millones

Madrid, capital de...	México D.F., capital de...	Buenos Aires, capital de... ....
Caracas, capital de...	Lima, capital de...	Bogotá, capital de... ....

2. Lee los textos y escribe a qué ciudad de la actividad anterior corresponde cada uno.

a .... En la capital podemos encontrar las sedes del gobierno, las Cortes Generales, ministerios, instituciones y organismos oficiales, así como la residencia oficial de los reyes. Con más de 3 millones de habitantes, es la ciudad más grande y poblada del país y la tercera ciudad más poblada de la Unión Europea. Su centro es la Puerta del Sol y también podemos visitar lugares interesantes como la plaza de Cibeles o la plaza Mayor.

ⓑ .... Con casi 9 millones de habitantes, es el núcleo urbano más grande del país, y también el principal centro político, académico, económico, empresarial, financiero y turístico. Destacan las casas de estilo californiano en la colonia Polanco y los modernos edificios residencias y de oficinas de Santa Fe. El estadio Azteca, la famosa avenida paseo de la Reforma, el parque Chapultepec o el barrio de Villa de Guadalupe son algunos de los lugares más visitados de la ciudad.

ⓒ .... Está situada en la costa del pacífico. En ella viven más de 9 millones habitantes. Capital del país durante la colonización española, es conocida actualmente como la Ciudad de los Reyes. Tiene un centro histórico con lugares como la plaza de Armas, la Catedral o algunos restos de la muralla colonial, conocidos como Baluarte Santa Lucía. Al sur de la ciudad, en la carretera Panamericana, encontramos exclusivas playas muy visitadas en verano. En la actualidad está considerada como el centro político, cultural, financiero y comercial del país.

2.1. **¿Qué crees que tienen en común todas estas ciudades? ¿Y con la capital de tu país? Háblalo con tu compañero.**

3. **Ahora vamos a conocer un poco mejor algunos países donde el español es lengua oficial. En parejas, relacionad los elementos de las siguientes columnas.**

PAÍS	CAPITAL	NACIONALIDAD	BANDERA	MONEDA
Venezuela	Tegucigalpa	español/a		peso argentino
España	Caracas	ecuatoriano/a		dólar estadounidense
México	D.F.	hondureño/a		bolívar
Honduras	La Habana	nicaragüense		euro
Ecuador	Managua	mexicano/a		nuevo sol
Nicaragua	Lima	venezolano/a		peso cubano
Perú	Buenos Aires	peruano/a		córdoba
Argentina	Quito	cubano/a		peso mexicano
Cuba	Madrid	argentino/a		lempira

3.1. **Las siguientes formas suelen aparecer en las banderas. Relaciona cada una con su nombre.**

1. ◯ cuadrado | 2. ◯ triángulo | 3. ◯ círculo | 4. ◯ rayas horizontales | 5. ◯ rayas verticales | 6. ◯ estrella

ⓐ  ⓑ  ⓒ  ⓓ  ⓔ  ⓕ 

4. 2 Ahora van a saludarte personas de países hispanos. Escucha y corrige la actividad 3.

5. Escribe un texto con información sobre tu país y dáselo a tu profesor.

5.1. Tu profesor repartirá todos los papeles en clase. Lee el que te ha tocado a tus compañeros y ellos tienen que adivinar a quién pertenece.

▸ *La capital de mi país es… La bandera de… es… Nuestra moneda es… Algunos lugares representativos de mi ciudad son…*

¡Qué paisaje tan bonito!

UNIDAD 3

1. En parejas, relacionad las siguientes palabras con su imagen correspondiente.

1. ◯ cordillera | 2. ◯ llanura | 3. ◯ istmo | 4. ◯ lago | 5. ◯ salto | 6. ◯ río | 7. ◯ estrecho | 8. ◯ golfo

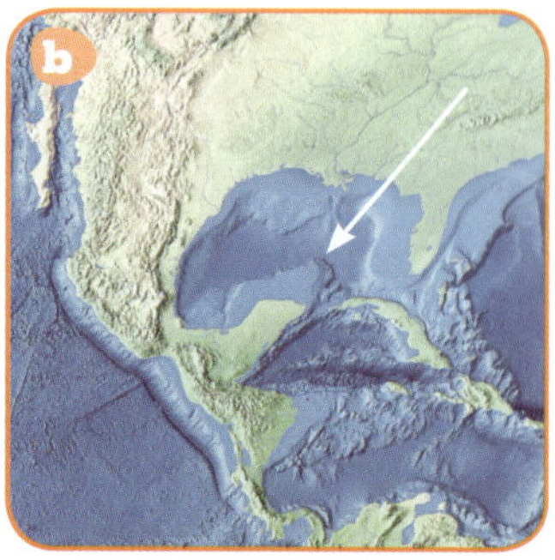

1.1. Escribid las palabras de la actividad anterior en su lugar correspondiente.

a. .... de Panamá
b. .... de México
c. .... Amazonas
d. .... Titicaca
e. Pampa (..............................)
f. .... de Gibraltar
g. .... de los Andes
h. .... del Ángel

2. En parejas, situad cada fenómeno de la actividad 1. 1. en el mapa de las páginas 10-11. Si lo necesitáis, podéis consultar en Internet.

3. Lee los textos y corrige la actividad 2.

LAGO TITICACA
Es el segundo lago más grande de América del Sur y el lago navegable más alto del mundo, situado a 3812 m sobre el nivel del mar. Tiene una extensión de 8372 km² y se encuentra en el altiplano peruano-boliviano.

ESTRECHO DE GIBRALTAR
Es la unión natural que conecta el mar Mediterráneo y el océano Atlántico. Separa dos continentes: Europa y África, siendo uno de los pasos más transitados del planeta. Su longitud es de 14,4 km en su parte más ancha, y su profundidad varía entre unos 280 m y 1 000 m.

LA PAMPA
Área geográfica situada en el centro-este de Argentina, Uruguay y el sur del estado brasileño de Río Grande del Sur. Es una extensa llanura con un paisaje ondulado de montañas de poco más de 500 m sobre el nivel del mar.

RÍO AMAZONAS
Es un río muy extenso y caudaloso de Sudamérica. Recorre el continente de oeste a este, desde la cordillera de los Andes en el Perú hasta la costa atlántica de Brasil. Con más de 7 000 km, está considerado el río más largo del mundo.

ISTMO DE PANAMÁ
Es un accidente geográfico localizado en Panamá, entre los océanos Pacífico y Atlántico, que une América del Sur y América Central. Con una longitud de unos 700 km, su anchura varía entre 50 y 200 km. El canal de Panamá atraviesa el istmo, facilitando el transporte marítimo entre los dos océanos.

CORDILLERA DE LOS ANDES

Cadena de montañas de América del Sur que atraviesa de norte a sur 7500km del continente sudamericano, pasando por Argentina, Bolivia, Chile, Colombia, Ecuador, Perú y parte de Venezuela. Su altura media alcanza los 4000m y algunos puntos superan los 6000m sobre el nivel del mar. Es la cordillera más grande del continente americano y una de las más importantes del mundo.

SALTO DEL ÁNGEL

Es el salto de agua más alto del mundo, con una altura de 979m (807m de caída ininterrumpida). Situado en el Parque Nacional Canaima, en el estado Bolívar, Venezuela, este espacio natural se extiende sobre un área de más de 30000km², hasta las fronteras con Guyana y Brasil, siendo uno de los parques más extensos del mundo.

GOLFO DE MÉXICO

Es una región marítima del océano Atlántico rodeada casi completamente por el continente americano y por islas. Por este motivo, se conoce como el Mar Mediterráneo Americano. En el golfo de México hay extensas plataformas continentales que se adentran en el mar, pero las plataformas del Caribe son más reducidas y terminan en simas que alcanzan de 2000 a 3000 metros de profundidad.

3.1. Escribe qué información te ha sorprendido más en cada caso.

Lago Titicaca: ....

Estrecho de Gibraltar: ....

La Pampa: ....

Río Amazonas: ....

Cordillera de los Andes: ....

Salto del Ángel: ....

Istmo de Panamá: ....

Golfo de México: ....

4. Escucha y escribe qué número corresponde a cada imagen. 3

a 

b 

c 

4.1. Vuelve a escuchar y escribe dónde está situado cada accidente. 3

a ....

b ....

c ....

4.2. Por último, en parejas, decidid cuál de los siguientes nombres corresponde a cada accidente.

a Tajo: ....

b Los Pirineos ....

c Magallanes: ....

5. ¿Qué accidentes geográficos existen en tu país? Escribe un texto con información sobre estos siguiendo los ejemplos de la actividad 3.

5.1. Leed vuestros textos en en clase. ¿Conocíais ya la información?

¡Hace mucho calor!

UNIDAD 4

1. Observa esta imagen. ¿Qué crees que están mirando? Comentadlo en parejas.

1.1. ¿Qué tiempo hace ahora mismo en el mundo hispano? Vamos a descubrirlo sin mirar al cielo. Busca en Internet la temperatura que hace en estas ciudades.

Ciudad	°C	CIUDAD	°C
Madrid		Managua	
La Habana		Caracas	
México D.F.		Quito	
Guatemala		Lima	
Tegucigalpa		Mi ciudad	

2. ¿Conoces las siguientes palabras? Intenta completar el texto con ellas.

hemisferio norte | hemisferio sur | ecuador

LOS HEMISFERIOS

El **(1)** .... (o boreal) es una de las partes en que se divide la Tierra, a partir de la línea del **(2)** .... Comprende a Europa, Norteamérica, el Ártico, casi toda Asia, gran parte de África, la parte septentrional de Sudamérica y algunas islas menores de Oceanía. El **(3)** .... (o austral) corresponde a la mitad del globo terráqueo situado al sur de la línea del **(4)** ...., que lo separa del **(5)** .... La mayor parte del **(6)** .... corresponde a océanos (gran parte del Pacífico y del Índico, la totalidad del océano Glacial Antártico y la mitad meridional del Atlántico), el continente antártico, Sudamérica, la parte austral de África, algunas islas de Asia, Australia y la mayoría de las islas de Oceanía.

3. Mira el mapa de las páginas 10-11 y completa las siguientes tablas.

Países hispanos del hemisferio norte	Países hispanos del hemisferio sur	Países hispanos de los dos hemisferios
España,	*Argentina,*	*Colombia,*

3.1. Tu país, ¿en qué hemisferio se encuentra? ¿Está cerca de algún país de habla hispana? Coméntalo con tu compañero.

4. Estas son imágenes del invierno en diferentes lugares del mundo hispano. Relacionadlas con su lugar correspondiente.

1. ◯ Islas Canarias | **2.** ◯ Patagonia
3. ◯ Selva amazónica, Venezuela | **4.** ◯ Madrid

a

4.1. ¿Cuál es para ti la imagen más característica del invierno? ¿Qué tipo de invierno prefieres? ¿Alguna de las imágenes anteriores se parece al invierno en tu país? Comentadlo en parejas.

5. Escribe los 12 meses del año, según tu cultura, en el siguiente cuadro.

Primavera	Verano	Otoño	Invierno
-	-	-	-
-	-	-	-
-	-	-	-

5.1. 4 Vas a escuchar a un meteorólogo hablando sobre las estaciones en el mundo. Completa la tabla con la información que falta.

ESTACIONES	MESES EN EL HEMISFERIO NORTE	MESES EN EL HEMISFERIO SUR
	de junio a septiembre	
lluviosa		
		de abril a septiembre

5.2. 4 Vuelve a escuchar y di si las siguientes afirmaciones son verdaderas (V) o falsas (F). Después, corrige la información falsa.

a. El invierno en el hemisferio norte es más largo y cálido que en el hemisferio sur. ...... Ⓥ Ⓕ

b. El verano es más corto y menos severo en el hemisferio norte. ...... Ⓥ Ⓕ

c. Las estaciones en las regiones cercanas a la línea del ecuador son dos: lluviosa y seca. ...... Ⓥ Ⓕ

d. En las regiones ecuatoriales, no suele variar la temperatura y no suele nevar. ...... Ⓥ Ⓕ

5.3. Según el meteorólogo, ¿en qué estación están los siguientes países en este momento?

Venezuela		Ecuador	
España		Perú	
México		Cuba	

6. Escribe una carta al meteorólogo explicando cómo es el clima en tu país: las estaciones, la temperatura, la cantidad de lluvias...

¡Vaya mezcla!

UNIDAD 5

1. Observa a estos conocidos personajes de la vida pública hispana. ¿Sabes quiénes son? ¿Qué sabes de ellos? Comentadlo en parejas.

1.1. [5] Escucha y escribe el nombre del personaje de la actividad anterior del que se habla en cada caso. Después, compara tus respuestas con tu pareja.

1 ◯ .... 2 ◯ .... 3 ◯ .... 4 ◯ .... 5 ◯ ....

1.2. [5] Ahora vuelve a escuchar la audición y completa la tabla.

	Nombre	Profesión	Lugar de nacimiento	Edad	Lugar de residencia	Características físicas
1.						
2.						
3.						
4.						
5.						

2. Escribe tres fichas con información sobre personajes de tu país o cultura representativos del mundo del cine, el deporte, la política, la música o la literatura.

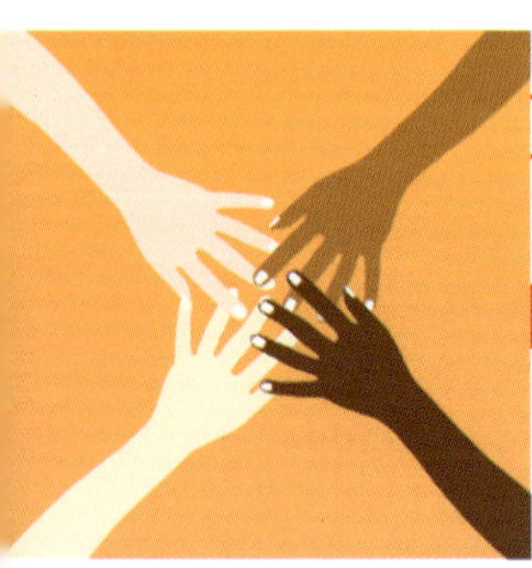

2.1. En pequeños grupos, leed vuestras fichas a vuestros compañeros sin decir el nombre de los personajes. Gana quien más personajes adivina.

3. ¿Con qué palabras relacionas esta imagen? Comentadlo en parejas y escribid las palabras.

....

....

3.1. Con tu compañero, relaciona las palabras pertenecientes al mundo de las razas con su definición. Si lo necesitáis, usad el diccionario.

1. mestizaje
2. mezcla
3. minoría
4. indígena
5. esclavo
6. descendiente
7. colonia

a. Persona que no tiene libertad porque está bajo el dominio de otra.
b. Parte menor de un todo.
c. Hijo o nieto.
d. Unión de razas diferentes.
e. Territorio dominado y administrado por un país extranjero.
f. Unión de cosas distintas.
g. Originario del país.

4. Entre la población hispanoamericana existen cuatro principales grupos étnicos predominantes. Lee solo el texto que te ha tocado y explícalo a tus compañeros. Después, entre todos, completad la tabla de abajo.

Alumno A

Los amerindios son la población originaria de América. Aunque no quedan casi poblaciones sin algún grado de mestizaje, los países donde el porcentaje de amerindios es mayor son Guatemala, Bolivia y, en menor medida, México. También existen importantes comunidades indígenas en Ecuador, El Salvador, Nicaragua, Honduras, Panamá, Colombia, Venezuela, Argentina, Brasil, Paraguay y Chile.

Alumno B

A consecuencia del tráfico de esclavos en épocas pasadas, hoy en día existen afroamericanos en algunos países hispanos. La mezcla entre los descendientes de europeos blancos y africanos son mulatos, y la mezcla entre los descendientes de amerindios y africanos son zambos. Los principales países con una población mulata son Cuba, la República Dominicana y los territorios franceses de ultramar. También son importantes las comunidades de zambos en países como Colombia, Ecuador, Perú, Venezuela y costa Caribe de Centroamérica.

Alumno C

Mestizo/a es una palabra que proviene del latín *mixticius*, que significa mezcla. En castellano se ha utilizado en especial para hablar del mestizaje entre españoles y amerindios. Los países con predominio de población mestiza son: Colombia, El Salvador, Honduras, Ecuador, Nicaragua, Panamá, Paraguay y Venezuela. También existe una importante población mestiza en países como Bolivia, Brasil, Chile, Costa Rica, México, Perú o la provincia canadiense de Quebec, entre otros.

Alumno D

Se denomina criollos a los hijos descendientes de padres europeos nacidos en los antiguos territorios españoles de América y en algunas colonias europeas de este continente. Los países con mayor población de criollos son Argentina, Costa Rica, Chile y Uruguay, entre otros. Puerto Rico, que pertenece a Estados Unidos, también es de mayoría criolla.

	A	B	C	D
Etnia				
Descendientes de...				
Países con predominio				

4.1. ¿Piensas que los personajes hispanos de la actividad 1 pertenecen a alguna de las etnias vistas? ¿Conoces otros personajes hispanos? ¿En qué etnia puedes clasificarlos? Comentadlo en parejas.

4.2. ¿Existen diferentes etnias en tu cultura? ¿Conoces otras culturas en las que sí? ¿Cuáles? Coméntalo con la clase.

Creencias

UNIDAD 6

1. Fíjate en las siguientes imágenes. ¿Las reconoces? ¿Sabes dónde están? ¿Qué tipo de lugares son? ¿Qué se hace en ellos? Habla con tu pareja.

a

b

c

d

e

1.1. Las imágenes anteriores son lugares para practicar una religión. En parejas, completad la siguiente tabla. Podéis consultar Internet.

	Religión	Persona que la practica	Lugar donde se practica	Dios	Libro sagrado
a.					
b.					
c.					
d.					
e.					

2. ¿Cuál crees que es la religión de la mayoría de la población hispana? Coméntalo con tu pareja.

2.1. (6) Para comprobar tu respuesta anterior, escucha y contesta verdadero (V) o falso (F). Después corrige la información falsa.

a. La mayoría de la población hispanohablante es cristiana. .... V F
b. En la mayoría de los países hispanohablantes existe la libertad de culto. .... V F
c. Para el catolicismo, la práctica de la religión es obligatoria. .... V F
d. Costa Rica y Ecuador son estados laicos. .... V F
e. En algunos sectores de la población hispana en América se siguen practicando rituales de origen indígena y africano. .... V F

2.2. (6) Vuelve a escuchar y localiza las palabras correspondientes a las siguientes definiciones.

a. Pequeña cantidad de población que tiene en algo común: ....
b. No religioso: ....
c. Algo que se cree: ....
d. Ceremonia que se celebra con espiritualidad: ....

3. Observa las imágenes y relaciona cada una con su palabra correspondiente.

1. ◯ crucifijo 2. ◯ Virgen María 3. ◯ Biblia 4. ◯ papa 5. ◯ iglesia 6. ◯ santos

a 

b 

c 

d 

e 

f 

3.1. Lee las siguientes definiciones y escribe para cada una la palabra correspondiente de la actividad anterior.

a. .... Libro sagrado de los católicos. Está dividido en Antiguo y Nuevo Testamento. El Nuevo Testamento cuenta la vida y muerte del Hijo de Dios, Jesucristo.

b. .... Simboliza la muerte de Jesucristo.

c. .... Sacerdote que tiene el grado más alto en la Iglesia católica.

d. .... Personajes que han sido reconocidos como buen ejemplo por la Iglesia católica. Sus nombres se les ponen a los niños en honor a ellos.

e. .... Lugar de oración donde se celebra la ceremonia de la misa, que es un ritual al que asisten los católicos principalmente los domingos.

f. .... Representación de la Madre de Jesús, el hijo de Dios.

4. ¿Es vuestro país un estado laico o tiene alguna religión oficial? En el segundo caso, buscad y comentad algunas imágenes, elementos o símbolos que representan a esa religión.

5. Escribe en un papel algún ritual o ceremonia de una religión que conoces o practicas sin escribir el nombre de la religión.

5.1. Reunid todos los textos de la actividad anterior e intentad adivinar a qué religión y ritual se refiere a cada uno. Si tú has escrito el papel, no digas la respuesta a tus compañeros.

¿Cómo te llaman?

UNIDAD 7

1. Observad las imágenes. ¿Sabéis qué nombre reciben estos documentos? ¿Qué información creéis que podemos encontrar en ellos?

1.1. ¿Tienes tú alguno de estos documentos? ¿Para qué sueles usarlos? Comentadlo en parejas.

2. Lee el siguiente texto, comprueba tus respuestas anteriores y contesta a las preguntas.

Además de un pasaporte, los hispanohablantes, por lo general, usan otro documento para identificarse en sus países: los documentos de identificación. Estos documentos son emitidos por una autoridad administrativa competente para permitir la identificación personal de los ciudadanos. La posesión de un documento de identidad es obligatoria en la mayoría de los países hispanohablantes, donde, muchas veces, reciben diferentes nombres.

Se llama Cédula de Identidad (CI) en países como Bolivia, Chile, Costa Rica, Ecuador, Nicaragua, Uruguay y Venezuela. Se llama Documento Nacional de Identidad (DNI) en España, Argentina o Perú; Se llama Cédula de Identidad y Electoral (CIE) en la República Dominicana; Cédula de Ciudadanía (CC) en Colombia; Documento Único de Identidad (DUI) en El Salvador; Documento Personal de Identificación (DPI) en Guatemala y Clave Única de Registro de la Población o CURP en México.

a. ¿Qué objetivo tienen los documentos de identificación?

....

b. ¿Quién los emite? ....

c. Según las imágenes que has visto, ¿qué información básica general contienen?

....

3. ¿Cómo os identificáis ante la autoridad en vuestro país? ¿Existe un documento nacional de identificación? ¿Cuál? ¿Qué información lleva?

4. Escucha a dos personas hispanas presentándose y responde a las preguntas. 7

	¿Cuál es su nombre oficial?	¿Cómo la llaman?
1.		
2.		

4.1. Vuelve a escuchar y responde a las preguntas.

1	¿Cómo se llama su madre? ....
	¿Cómo la llaman? ....
	¿Por qué las llaman de forma distinta? ....
	¿Cómo se llama su hermano mayor? ....
	¿Y su padre? ....
2	¿Cuántos nombres tiene su hija? ....
	¿Por qué? ....

5. **Observa esta lista de nombres familiares y diminutivos muy comunes en el mundo hispanohablante y relaciónalos con su nombre de pila. Después, compara tus respuestas con tu pareja.**

NOMBRES COMPUESTOS

1. ◯ ♂ Juanjo	a. José María
2. ◯ ♀ Maribel	b. María del Carmen
3. ◯ ♀ Mamen	c. María Luisa
4. ◯ ♂ Josema	d. Juan José
5. ◯ ♀ Marián	e. María Isabel
6. ◯ ♂ Juanma	f. Juan Manuel
7. ◯ ♀ Marisa	g. María de los Ángeles
8. ◯ ♂ Chema	h. José Manuel

NOMBRES FAMILIARES O DIMINUTIVOS

1. ◯ ♂ Toni	a. José
2. ◯ ♂ Pepe	b. Antonio
3. ◯ ♀ Lola	c. Gregorio
4. ◯ ♂ Goyo	d. Jesús
5. ◯ ♀ Patri	e. Alejandro
6. ◯ ♂ Alex	f. María
7. ◯ ♀ Tere	g. Manuel
8. ◯ ♂ Edu	h. Nicolás
9. ◯ ♂ Nico	i. Teresa
10. ◯ ♀ Mari	j. Dolores
11. ◯ ♂ Chus	k. Mercedes
12. ◯ ♂ Manu	l. Patricia
13. ◯ ♀ Merche	m. Eduardo
14. ◯ ♀ Charo	n. Rosario

6. **Con tus compañeros, lee algunas costumbres del mundo hispano relativas a los nombres y responde a las preguntas.**

En el mundo hispano, son muy comunes los nombres de Santos y Vírgenes.

¿En tu lengua o cultura es así también?

Es común llevar un nombre compuesto, que incluya dos o más nombres.

¿Es común en tu cultura llevar dos o más nombres? ¿Cuál es tu nombre oficialmente? ¿Cómo te llaman?

El nombre María es muy común para formar un nombre compuesto femenino.

¿Existe algún nombre en tu cultura que se use mucho o del mismo modo?

Existen muchos nombres familiares y diminutivos para acortar nombres compuestos o nombres largos, y que suelen usarse en situaciones informales.

¿Ocurre lo mismo en tu lengua?

En el mundo hispano es común llamarse como algún familiar, especialmente como los padres.

¿Es esto común en tu cultura o lengua? ¿Opinas que el niño pierde personalidad si se llama como otro familiar?

Los domingos en familia

UNIDAD 8

1. Observad estas dos imágenes. ¿Qué relación crees que existe entre las personas que aparecen en ellas? ¿Por qué?

2. Vamos conocer los planes de una española, Claudia, y un argentino, Álvaro, para el fin de semana. Pero antes, relacionad las siguientes imágenes con su palabra correspondiente.

1. ◯ pasarlo bien | 2. ◯ boliche | 3. ◯ asado | 4. ◯ viejos

2.1. 8 Ahora escucha las conversaciones telefónicas de Claudia y de Álvaro. Después, contesta a las preguntas.

1. ¿Para qué llama Paula a Claudia? ....

   ¿Qué responde ella? .... ¿Por qué? ....

2. ¿Para qué llama Belén a Álvaro? ....

   ¿Cuál es la respuesta de él? .... ¿Por qué? ....

2.2. 8 Vuelve a escuchar y escribe qué personas se reúnen en casa de Claudia y en casa de Álvaro para comer el domingo.

En casa de Claudia	En casa de Álvaro

3. Tu "familia política" es la familia de tu pareja. Escribe al lado de cada definición el miembro de la familia política correspondiente. Después, comprobad en parejas.

a. El marido de tu hija es tu ....

b. La madre de tu marido o tu mujer es tu ....

c. La mujer de tu hermano es tu ....

d. El padre de tu marido o tu mujer es tu ....

e. La hermana de tu marido o tu mujer es tu ....

f. La mujer de tu hijo es tu ....

g. El marido de tu hermana es tu ....

h. El hermano de tu marido o mujer es tu ....

4. ¿Qué actividades crees que suelen hacer las familias que se reúnen los domingos? Haced una lista en parejas.

4.1. La siguiente canción se titula *Domingos en familia*, del cantautor argentino Ignacio Copani. Buscadla en Internet y leedla mientras la escucháis. Después, escribid las palabras destacadas de la canción al lado de su definición o sinónimo correspondiente.

a. ....: enojo, enfado.

b. ....: demostraciones de cariño.

c. ....: televisión.

d. ....: ocurrencias graciosas.

e. ....: miembro de un grupo que se distingue por ser peor.

f. ....: cotilleos, lo que se habla de otras personas.

g. ....: juego de cartas muy típico en Argentina.

DOMINGOS EN FAMILIA

Los domingos en familia, una caja de sorpresas, el humor sobre la mesa, pasta casera y **tevé**.

Los domingos en familia, mimos, **chistes** y emociones, como postre discusiones, **chimentos**, **truco** y café.

Estribillo

La familia es un típico clan, comparte la risa, la **bronca** y el pan.

La familia es la copia más fiel, parece la tuya, la mía, la de él.

La familia, un pequeño país, si está bien unida puede ser feliz.

La familia te invita a pasar, en las buenas y en las malas siempre va a hacerte un lugar.

Los domingos en familia, con hermano, padre y suegra, con alguna **oveja negra**, no podía faltar.

Los domingos en familia para quitarte las penas, con aroma a cosa buena en las manos de mamá.

Ignacio Copani

4.2. ¿Qué actividades realiza esta familia? ¿Coincide con vuestra lista de la actividad anterior?

5. Habla con tus compañeros.

a. ¿Cuántas personas sois en tu familia?

b. ¿Cuántos miembros tienen las familias de tu país, por lo general?

c. ¿Sueles reunirte semanalmente con tu familia? ¿Cuándo los ves? ¿Es algo común en tu cultura o país?

d. ¿Qué actividades te gusta hacer en familia?

e. ¿Tienes familia política?

f. ¿Con qué miembro de tu familia te llevas mejor?

Encantado de conocerte

UNIDAD 9

1. Observad las dos imágenes y, en parejas, responded. ¿Dónde creéis que están estas personas? ¿Se conocen? ¿Por qué?

a

b

1.1. En parejas, haced una lista de lugares donde os encontráis a gente que no conocéis.

2. Lee la siguiente historieta, observa la situación y une las preguntas con las respuestas.

CONSULTA DEL MÉDICO

1. ¿Dónde se saluda a desconocidos? ....
2. ¿En qué momento se saluda a desconocidos? ....
3. ¿Cómo se saluda a los desconocidos? ....
4. ¿Cómo se llama la atención de los desconocidos? ....

a. Con un saludo verbal, normalmente: *buenos días* o *buen día*, *buenas tardes*, *hola* o *buenas*.
b. Acercándose a la persona y diciendo: *disculpa/e* o *perdona/e*.
c. Cuando alguien llega a algún lugar.
d. En el ascensor, en la consulta del médico, en el gimnasio, etc.

2.1. ¿Se saluda a los desconocidos también en tu país? En caso afirmativo, ¿dónde, cuándo y cómo se saluda? Coméntalo con tu pareja.

3. Observad las imágenes. ¿Cuál pensáis que reproduce un saludo y cuál una presentación?

a ....

b ....

3.1. Las siguientes frases pertenecen a los dos diálogos anteriores, pero están mezcladas y desordenadas. Reconstruye los diálogos.

Gregorio: Mucho gusto.

Pedro: ¡Patricia! ¡Qué alegría verte! Pues muy bien. Gracias. Y vosotras, ¿qué tal?

Matilde: Encantada, Gregorio.

Patricia: Genial. Vamos a tomar un café. ¿Te apuntas?

Ana: Matilde, le presento a Gregorio Díaz.

Patricia: ¡Hombre, Pedro! ¿Qué tal estás?

Diálogo A

Diálogo B

4. ¿Cómo creéis que se saluda la gente en los países hispanos? En parejas, intentad unir las frases de forma lógica. Después, escuchad y comprobad vuestras respuestas.

9

1. Para saludarse dos mujeres que se conocen...
2. Al saludarse, los hombres...
3. Si los hombres que se saludan son de la misma familia,...
4. Para saludarse un hombre y una mujer,...
5. Mientras se dan la mano, los hombres...
6. Si la relación entre las personas es cercana,...
7. Cuando los hombres se abrazan,...
8. Las mujeres hispanas que acaban de conocerse se saludan...
9. En el mundo hispano siempre se suele...

a. también con un beso o dos.
b. presentar a la persona que te acompaña.
c. también suelen saludarse con un beso en las mejillas.
d. suelen darse palmadas en la espalda o en el hombro.
e. normalmente se dan uno o dos besos en la mejilla.
f. se saludan, por lo general, dándose la mano.
g. también se suelen abrazar al saludarse.
h. también pueden saludarse dándose uno o dos besos en la mejilla.
i. a veces también se tocan el hombro.

5. ¿Cómo se saluda la gente en tu país? ¿Hay diferencias entre sexos? ¿Y entre situaciones más o menos formales? Completa la tabla con la información necesaria.

	Si se conocen...	Si no se conocen...
mujer – mujer		
hombre – hombre		
hombre – mujer		

Día a día

1. Relacionad cada imagen con la expresión correspondiente.

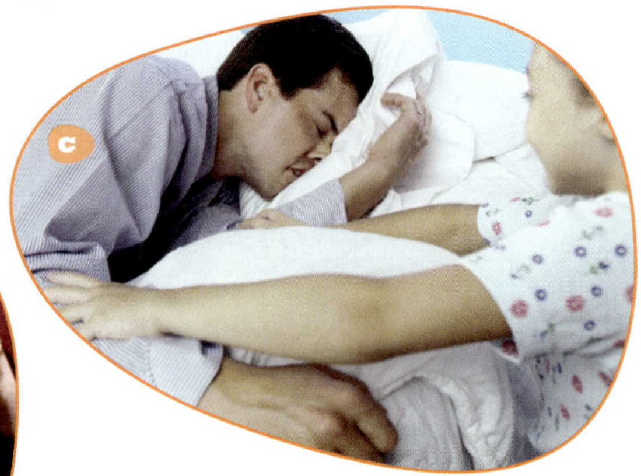

1. ◯ Buenos días / Buen día	**2.** ◯ Buenas tardes / Buena tarde	**3.** ◯ Buenas noches / Buena noche

1.1. ¿Existen en tu lengua distintas expresiones para saludar en las diferentes horas del día? ¿Cuáles? Comentadlo en parejas.

2. Marca las actividades que realizas diariamente y pregunta a tu compañero las que realiza él.

◯ estudiar	◯ hacer ejercicio	◯ mirar tu correo electrónico
◯ trabajar	◯ descansar	◯ hablar por teléfono
◯ comprar	◯ leer el periódico	◯ viajar

3. En parejas, observad las imágenes y responded a las preguntas.

1. ¿Qué crees que hacen estas personas cada día?
2. ¿A qué hora crees que empiezan y acaban el día?
3. ¿Qué otras actividades crees que realizan diariamente?

3.1. Lee el siguiente texto y comprueba tu respuesta en la actividad anterior. ¿Acertaste?

¡Me gusta mi vida!

http://www.megustamivida.com

¡ME GUSTA MI VIDA!

¿Está estresado? ¿Padece ansiedad? ¿Necesita usted unas vacaciones? Cuéntenos cómo es su vida y le responderemos si su día a día va en contra de su bienestar…

Montse. España.
Estudio un grado en ADE en la Universidad de Granada. Tengo clase de lunes a jueves de 8 a 15. Los martes y jueves, además, tengo algunas asignaturas por la tarde de 17 a 19. Tengo suerte, porque no tengo clase los viernes, así puedo salir de fiesta un ratito los jueves. Los lunes y miércoles voy a clases de yoga, pero como ahora estamos de vacaciones y no tengo que ir a la universidad, aprovecho para ir a yoga cada día.

Adolfo José. Venezuela.
Trabajo en un banco en el centro de Sevilla (España). En Venezuela, mi tierra, los bancos abren de lunes a viernes de 8.30 hasta las 19 de la tarde, dependiendo del banco; y muchos abren los sábados, domingos, y los feriados. Pero, acá, en España, los bancos solo abren por la mañana de 8 a 14 o 15. Como entro tan temprano a trabajar, no puedo llevar a mi hijo pequeño al colegio y lo tiene que llevar mi suegra. Yo llevo al mayor, que sí entra a las clases a las 8, como yo en el banco.

Guadalupe. México.
Tengo una tienda de moda en el D.F. Trabajo todos los días desde las 9 de la mañana hasta las 14, y vuelvo a la tienda de 16 a 19. Cuando cierro a mediodía, compro en el súper algo para comer. Lo que no me gusta es trabajar los sábados por la mañana, aunque no puedo quejarme, porque las tiendas de los centros comerciales no cierran a mediodía, es más, también abren algunos domingos.

3.2. Según el texto, di si los siguientes enunciados son verdaderos (V) o falsos (F). Después, corrige la información falsa.

a. Montse va a clase cuatro días a la semana. .... (V) (F)
b. En Venezuela, algunos bancos abren los festivos. .... (V) (F)
c. Guadalupe come en el trabajo. .... (V) (F)
d. Durante el curso, Montse va diariamente a clases de yoga. .... (V) (F)
e. Guadalupe trabaja en un centro comercial. .... (V) (F)
f. En España los bancos abren menos horas a la semana que en Venezuela. .... (V) (F)

4. 10 Montse, Guadalupe y Adolfo José prefieren ir de vacaciones en fechas distintas, escúchalos y escribe de qué periodo vacacional habla cada uno.

Montse	Guadalupe	Adolfo José

4.1. 10 Escucha de nuevo y corrige los siguientes enunciados.

a. Las vacaciones de Navidad dependen de la luna astronómica. ....
b. En verano, todos los hispanos tienen vacaciones. ....
c. La festividad de la Semana Santa se celebra el 25 de diciembre. ....

4.2. bla bla En vuestro país, ¿tenéis los mismos periodos de vacaciones que en el mundo hispano? Comentadlo en parejas.

5. Sigue el ejemplo de Montse, Guadalupe y Adolfo José, y escribe en *megustamivida.com* cómo es tu día a día. ¿Crees que necesitas unas vacaciones?

Brunch
Menú
Cocktails

Metro
Gran Via

¿Sabes...

1. cómo son las viviendas en Latinoamérica?
2. cómo son las viviendas en España?
3. en que tipo de población viven normalmente las personas de habla hispana?
4. cómo se desplazan la mayoría de los hispanohablantes?
5. el nombre de algún parque de alguna ciudad hispana?
6. qué actividades se pueden practicar en ellos?
7. el nombre de algún museo importante de algún país hispanohablante?
8. el nombre de alguna biblioteca importante en España o Latinoamérica?
9. hasta qué edad es obligatoria la enseñanza en los países hispanos?
10. qué es la prestación por desempleo?
11. cómo funciona el sistema de sanidad en los países de habla hispana?
12. si viven muchos inmigrantes en España?
13. de qué países proceden principalmente estos inmigrantes?
14. cómo celebran la Navidad los hispanohablantes?
15. si comen algo especial en estas fechas?
16. qué días son los más señalados de estas fiestas?
17. el nombre de algún mercado popular de alguna ciudad hispana?
18. qué se puede comprar en estos mercados?

Bienvenidos

1. **Observa la imagen y, con tu compañero, responde a las siguientes preguntas.**

a. ¿Conoces la expresión hispana "Mi casa es tu casa"?

b. ¿Qué crees que significa?

c. ¿De qué crees que trata esta unidad?

2. **Piensa en tu casa. ¿Cuál es tu lugar favorito? Comentadlo en parejas.**

3. **Escucha la audición sobre los tipos de viviendas que puedes encontrar en las ciudades de Hispanoamérica y relaciona las fotografías con sus nombres.**

11

1. ◯ departamento | 2. ◯ quinta | 3. ◯ casa de vecindad | 4. ◯ condominio

a 

b 

c 

d 

3.1. **Vuelve a escuchar y marca qué elementos tiene cada vivienda. ¿Puedes marcar algún elemento más observando las imágenes?**

11

	Balcón	Terraza	Patio	Jardín	Piscina
Departamento					
Condominio					
Quinta					
Casa de vecindad					

3.2. **Completa los enunciados con el nombre de la vivienda correspondiente.**

a. Los .... son viviendas donde se comparten espacios de ocio como la piscina o los jardines.

b. Si el departamento o piso está en la última planta y tiene una terraza al aire libre, es un ....

c. Las personas con alto poder adquisitivo suelen vivir en ....

d. Las personas con un modesto poder adquisitivo en América Latina pueden vivir en ....

4. Observa ahora cómo son las casas en las ciudades españolas. Después, lee el texto y completa los espacios con el tipo de vivienda correspondiente.

adosado

chalé

estudio

piso

En las ciudades españolas, la mayoría de la gente vive en **(1)** ....: viviendas situadas en un mismo edificio de varias alturas. Normalmente tienen dos o tres dormitorios, salón, cocina y uno o dos baños. Es muy común tener un pequeño balcón o terraza con flores o plantas. En el centro de la ciudad generalmente son antiguos, más pequeños y muchos no tienen ascensor. Los más pequeños se llaman apartamentos o **(2)** .... (cuando tienen una sola habitación). Las personas con más poder adquisitivo viven a las afueras de la ciudad o en barrios más exclusivos, normalmente viven en casas más grandes, llamadas **(3)** .... o **(4)** .... (similares a los primeros pero unidos por las paredes laterales). Tienen tres o cuatro dormitorios, salón, comedor, cocina y jardín, y muchas veces tienen también piscina propia.

A la gente joven o soltera le gusta vivir en el centro de la ciudad porque hay mucha vida nocturna y oferta cultural, mientras que las familias con niños prefieren vivir lejos del centro porque tienen más espacio y zonas verdes, y los pisos son más grandes.

5. ¿Existe este tipo de viviendas en las ciudades de tu país? Comentadlo en parejas.

6. Este es Julio José, arquitecto. Tiene que presentar un proyecto de viviendas para tu ciudad y necesita ayuda. Escríbele una carta para informarle sobre las siguientes cuestiones.

a. ¿Hay algún tipo de vivienda propio de allí?

b. ¿Qué tipo de casas hay en las ciudades?

c. ¿Qué características tiene cada tipo de vivienda?

¿Campo o ciudad?

1. Observad estas imágenes. ¿Qué os sugieren? ¿Qué diferencias veis entre las de la derecha y las de la izquierda.

2. ¿Crees que las siguientes afirmaciones sobre la vida en el campo y en la ciudad en el mundo hispano son verdaderas (V) o falsas (F)? Discútelo con tu pareja.

a. Las ciudades están organizadas por barrios. .... V F
b. En las ciudades no hay parques. .... V F
c. En los barrios solo hay viviendas. .... V F
d. Las ciudades disponen de redes de transporte masivo. .... V F
e. En las grandes ciudades es muy fácil encontrar estacionamiento para aparcar. .... V F
f. Las ciudades dormitorio están en el centro urbano de las grandes capitales. .... V F
g. Los pueblos tienen una amplia red de transporte urbano. .... V F
h. Los pueblos tienen un ritmo de vida más calmado. .... V F
i. Algunos pueblos no tienen colegios ni centros de salud. .... V F

2.1. 12 Escucha ahora a una persona hablando sobre la vida en la ciudad y en el campo en los países hispanohablantes para comprobar tu respuesta anterior.

2.2. 12 Escucha de nuevo y completa el siguiente cuadro.

	Establecimientos y servicios	+	Ventajas e inconvenientes −
Ciudad			
Campo			

2.3. Observa las imágenes y escribe debajo de cada una qué medio de transporte es. Después, marca cuáles han aparecido en la audición.

a ○ ....

c ○ ....

e ○ ....

b ○ ....

d ○ ....

3. Y tú, ¿vives en un pueblo o en una ciudad? ¿Qué servicios hay? ¿Qué ventajas o inconvenientes tiene? ¿Qué tipo de transporte usas tú? Coméntalo con tus compañeros.

4. Mira este cartel. ¿Qué crees que significa? Comentadlo en parejas.

4.1. Ahora lee el texto, comprueba tu respuesta anterior y contesta a las preguntas que aparecen a continuación.

El 22 de septiembre se celebra el Día Mundial Sin Automóvil, que busca generar conciencia ciudadana para reducir el uso del automóvil y, por lo tanto, promover su uso racional. En lugar del auto, podemos usar otros medios, como la bicicleta o el transporte público, para disminuir la contaminación en el ambiente.

La celebración surge en 1994 en la Conferencia Ciudades Accesibles realizada en Toledo, España, gracias al activista norteamericano Eric Britton.

Muchas ciudades participan en esta actividad y hasta los mismos jefes de gobierno van a ir a asistir a sus compromisos en transporte público o bicicleta.

Adaptado de *Periódico Digital* (www.periodicodigital.com.mex)

a. ¿En qué consiste esta celebración? ....

b. ¿Cuál es su objetivo? ....

c. ¿Quién tuvo la idea? ....

d. ¿Se celebra este día también en tu país? ....

5. Pensad en otra iniciativa para mejorar la vida de vuestro pueblo o ciudad. Cread un cartel y escribid un breve texto explicando en qué consiste la iniciativa. Después, podéis colgar todos los carteles en la clase.

Piensa en verde

UNIDAD 13

1. Observad la imagen. ¿De qué lugar se trata?

1.1. Escribe la letra correspondiente al lado de los elementos que aparecen representados en la imagen anterior.

(c) jugar a las cartas	( ) pasear en barca	( ) zona de deporte	( ) pasear al perro
( ) hacer *footing*	( ) bebedero	( ) columpios	( ) banco
( ) fuente	( ) papelera	( ) césped	( ) estanque
( ) escultura	( ) farola	( ) patinar	( ) hacer pícnic

*Bebedero (usado en Arg., Cuba, Méx. y Ur.), en español de España usamos la palabra *fuente*.

2. El Retiro y el Metropolitano son parques de dos ciudades hispanas. Lee los siguientes textos y contesta a las preguntas.

El Retiro es el parque más grande de Madrid capital. Tiene 118 hectáreas y es uno de los lugares más significativos de esta ciudad. Tiene jardines, una ría, fuentes, monumentos, esculturas y, lo más característico, un estanque donde se puede navegar en barca. Puedes encontrar gente leyendo, practicando deporte, paseando al perro… Ahora está muy de moda ir a patinar y hacer *footing*. También hay mucha gente que hace picnic los domingos o que simplemente va a pasar el rato jugando a las cartas o al ajedrez.

El Parque Metropolitano de Santiago es un parque urbano público con una superficie total de 1785 hectáreas, siendo el parque urbano más extenso de Latinoamérica. Situado entre varias comunas de la Región Metropolitana de Santiago de Chile, en ellas se encuentra el famoso Cerro de San Cristóbal, segundo punto de mayor altura de la ciudad. La mayoría de los parques urbanos que forman el gran Parque Metropolitano tienen un área de césped, baños públicos, iluminación, basureros, bebederos, senderos y zona de juegos infantiles.

a. ¿Qué extensión tienen ambos parques? ¿Cuál es mayor? ....

b. ¿Dónde se encuentran? ....

c. ¿Qué elementos tienen en común? ....

d. ¿Qué suele hacer la gente que visita estos parques? ....

3. (13) El Parque Metropolitano de Santiago de Chile ofrece muchas actividades. Escucha las conversaciones telefónicas y completa la tabla con la información correspondiente.

	Conversación 1	Conversación 2
Tipo de actividad		
Lugar de celebración		
Fecha y hora		

3.1. (13) Ahora, vuelve a escuchar y marca la información correcta para cada caso.

a. La llamada de Pedro a Marta es **un recordario / una proposición**. Para hacerlo, utiliza la expresión **"¿Te apetece ir a vos?" / "Te llamo para recordarte que…"**.

b. La llamada de Danisa a Marián es **un recordatorio / una proposición**. Para hacerlo, utiliza la expresión **"¿Te apetece ir a vos?" / "Te llamo para recordarte que…"**.

4. (www) Buscad en Internet información sobre los siguientes parques y completad el cuadro.

	Ciudad/País	Extensión	Elementos	Actividades
Parque de María Luisa				
Parque de Chapultepec				

4.1. (bla bla) En parejas, leed vuestra información y decidid qué hacer hoy sábado.

Alumno A

Te sientes un poco cansado después de toda la semana. Te apetece ir al parque para hacer alguna actividad tranquila y disfrutar de la naturaleza. Elige una actividad del ejercicio anterior y llama a tu amigo/a para proponerle un plan.

Alumno B

Hoy te sientes genial. Tienes mucha energía y te apetece hacer algo interesante. Mira el programa de actividades del ejercicio anterior y piensa en cuáles te gustaría hacer. Tu teléfono suena. Contesta.

4.2. (bla bla) Ahora, contad vuestra decisión al resto de la clase. ¿Qué vais a hacer al final?

5. ¿Hay algún parque famoso en tu ciudad? Escribe un texto describiéndolo (extensión, elementos, tipos de actividades que ofrece, cuándo vas, qué haces allí…).

No siempre es gratis

UNIDAD 14

1. Observad las imágenes. ¿A qué lugares corresponden? ¿Qué tienen en común?

a

b

1.1. En parejas, decidid si las siguientes afirmaciones corresponden a la imagen a, b o ambas.

1. Hay colecciones de objetos de interés artístico, cultural, científico, histórico... .... a b
2. Puede ser una institución pública o privada. .... a b
3. Lugar para consultar obras culturales de diferente tipo, en formato papel o audiovisual. .... a b
4. Está al servicio de la sociedad. .... a b

2. (14) Juan, un chico de Soria, nos habla de la biblioteca de su ciudad. Escucha y marca la opción correcta.

1. Juan nos habla de .... de Soria.
   a. la biblioteca pública
   b. la biblioteca privada
2. La biblioteca de Soria es la mejor ....
   a. del país.
   b. de la comunidad autónoma.
3. Para Juan es muy .... concentrarse en casa.
   a. difícil b. fácil
4. Las mesas de la sala de lectura son muy ....
   a. cómodas. b. incómodas.
5. La zona infantil está .... de la sala de estudio.
   a. lejos b. cerca
6. Juan normalmente consulta .... si tienes alguna duda.
   a. Internet b. el catálogo
7. La biblioteca te permite llevarte .... durante un mes.
   a. material audiovisual
   b. material en papel

3. Observa las imágenes. ¿En qué museos crees que puedes encontrarlas? Hablad en parejas y escribid un tipo de museo para cada una.

a ....

b ....

c ....

d ....

4. Leed la entrada del blog *Ahorrodiario.com* sobre el Día de entrada gratis a los museos. Después, entrad en las páginas web de estos museos y completad la información.

AHORRO DIARIO

14 de abril de 2017 | 20:44

DÍAS DE ENTRADA GRATIS A LOS MUSEOS

Una de las actividades de ocio más agradables y motivadoras que existen es acudir a un museo. Afortunadamente, en el mundo hispanohablante tenemos algunos de los mejores del mundo. El problema es que el precio de las entradas no siempre nos anima a visitarlos muy a menudo.

Los museos públicos tienen unos horarios y unos días en los que se puede entrar gratis. Sin embargo, los museos de gestión privada no ofrecen esa posibilidad. Una auténtica pena.

Aquí dejo los horarios de algunos museos del mundo hispano.

Horarios museos

Museo Nacional del Prado (Madrid)

Horario: ....
Tarifa general: ....
reducida: ....
gratuita: ....

MALBA (Buenos Aires)

Horario: ....
Tarifa general: ....
reducida: ....
gratuita: ....

Museo Nacional de Historia (México)

Horario: ....
Tarifa general: ....
reducida: ....
gratuita: ....

Maloka (Bogotá)

Horario: ....
Tarifa general: ....
reducida: ....
gratuita: ....

Museo Picasso (Barcelona)

Horario: ....
Tarifa general: ....
reducida: ....
gratuita: ....

Museo Guggenheim (Bilbao)

Horario: ....
Tarifa general: ....
reducida: ....
gratuita: ....

4.1. Revisa tu información de la actividad anterior y contesta a estas preguntas.

a. ¿Qué museo es gratuito para los estudiantes? ....
b. ¿Qué museos cierran algún día de la semana? ....
c. ¿Qué museo ofrece un día entero de entrada gratuita para todas las personas? ....
d. ¿Qué museos ofrecen descuentos en las entradas para más colectivos? ....
e. ¿Qué museo no ofrece ningún tipo de descuento? ....

4.2. Busca en Internet más información sobre alguno de estos museos (qué tipo de museo es, cuáles son sus obras más importantes...) y escríbelo en tu cuaderno.

4.3. Compartid entre todos la información buscada. ¿Qué museo os parece más interesante? ¿Por qué?

5. Hablad en parejas.

a. ¿Hay alguna biblioteca cerca de tu casa? ¿Qué tipo de servicios ofrece? ¿Qué tipo de material tiene?
b. ¿Qué museos hay en tu ciudad? ¿Hay alguno muy importante o famoso?
c. ¿Con qué frecuencia sueles ir a la biblioteca o visitar algún museo?
d. ¿Es caro ir a los museos en tu país? ¿Cuánto cuesta?

La buena educación

UNIDAD 15

1. **En parejas, buscad dos intrusos entre estas palabras. Si es necesario, usad el diccionario.**

◯ colegio | ◯ escuela | ◯ facultad | ◯ instituto | ◯ liceo | ◯ estudiantes | ◯ academia | ◯ enseñanza

2. **Lee el siguiente texto y escribe un título según el tema del que trata.**

TÍTULO: ....

Generalmente, la educación en la cultura hispana se considera un derecho y una obligación, por eso decimos que es gratuita y **obligatoria** entre las edades de 14 y 18 años aproximadamente. Sin embargo, hay países en los que existe la opción de ir a centros privados que, obviamente, no son gratuitos, pero que pueden ser **concertados** o **subvencionados**.

Normalmente, los sistemas educativos de los países hispanos se dividen en ciclos o niveles formativos que duran varios **años académicos**, llamados cursos o grados dependiendo del país.

Por lo general, la educación comienza en la etapa llamada Educación inicial, Preescolar, Infantil o Parvularia, que no es obligatoria en todos los países.

A los 6 años, los niños y las niñas comienzan el ciclo de Educación Básica o Primaria en la escuela o colegio, como, por ejemplo, la EPB (Educación Primaria Básica) en Argentina. Este ciclo dura hasta los 12 años en la mayoría de los países, menos para los niños y niñas chilenos que están hasta los 14 años con la EGB (Educación General Básica).

Excepto en algunos países como la República Dominicana, el siguiente nivel, la Educación Secundaria o Media, también suele ser obligatoria. Este ciclo, que se cumple en los institutos de enseñanza secundaria o liceos, es el que más cambia entre los diferentes países. En España, por ejemplo, la ESO (Educación Secundaria Obligatoria) dura 4 cursos mientras que en México dura solo tres años. En países como Colombia, Venezuela, Perú o Argentina, la Enseñanza Secundaria se contempla hasta los 18 años aproximadamente, durando entre 5 o 6 años académicos.

Por otro lado, en otros países, como en España o Cuba, hay un último ciclo que no es obligatorio: la Educación Preuniversitaria, Bachillerato o, como se le llama en Cuba, Vocacional, que varían de uno, dos o tres años dependiendo del país. Este nivel es **preparatorio** para la Educación Superior Universitaria y cumple la misma función **orientativa** de los últimos años de la Enseñanza Media en otros países.

2.1. **Relaciona las palabras destacas en el texto con los siguientes significados:**

a. Que orienta, guía, aconseja: ....

b. Que prepara: ....

c. Año que dura un curso o un grado: ....

d. Que es un deber: ....

e. Que recibe una ayuda económica del Estado: ....

3. **Completa este esquema general de los sistemas educativos en los países hispanos.**

	Edad	Ciclos formativos	Excepto en... que...
1.			
2.			*En Chile, que es obligatoria hasta los 14.*
3.	*Desde los 13 hasta los 15, 16 o 18.*		
4.			

4. Estas son algunas instalaciones en los centros educativos. Escucha a la directora del colegio Hispanedu y ordénalas según las va nombrando. Después escribe sus nombres. (15)

d ◯ ....

a ◯ ....

b ◯ ....

c ◯ ....

e ◯ ....

f ◯ ....

g ◯ ....

h ◯ ....

i ◯ ....

j ◯ ....

4.1. Vuelve a escuchar y responde a las preguntas. (15)

a. ¿Cuál es el objetivo del centro? ....

b. ¿Qué edades tienen los alumnos? ....

5. Hablad en parejas y responded a las siguientes preguntas.

a. ¿Cómo funciona el sistema de enseñanza en vuestro país?

b. ¿Qué ciclos formativos principales existen?

c. ¿Existen centros públicos, privados y concertados?

d. ¿Qué instalaciones suele haber en los centros educativos? ¿Cuáles no? ¿Tienen otras diferentes?

6. En grupos de tres, vais a visitar virtualmente uno de los siguientes centros educativos. Localizad la siguiente información en su página web y preparad una presentación.

- Sagrado Corazón de Sarriá
- Colegio San Agustín
- Colegio y Liceo América

a. Ciudad o país en el que se encuentra.

b. Tipo de centro: religioso o laico, privado, público, concertado...

c. Estudios que oferta y objetivo del centro.

d. Instalaciones de las que dispone.

6.1. Poned en común vuestra información sobre los centros y decidid por votación cuál es el mejor para estudiar.

Buscando trabajo

UNIDAD 16

1. Las siguientes palabras pertenecen al mundo laboral. En parejas, ordenadlas cronológicamente.

◯ entrevista de trabajo | ◯ despido | ◯ contrato laboral | ◯ búsqueda de empleo | ◯ sueldo o salario | ◯ renovación de contrato

2. Marcela es una chica colombiana que está buscando trabajo. Lee las ofertas de empleo que ha encontrado en el periódico y completa los cuadros. Usa el diccionario si lo necesitas.

CAFÉ EXPORT

Auxiliar contable

Reconocida empresa nacional que comercializa y exporta café.

Requisitos:
- Ser Técnico en Contabilidad y, adicionalmente, estar estudiando Contaduría Pública.
- Experiencia laboral mínima de 2 años en funciones generales de contabilidad.
- Contrato temporal directamente con la empresa.

Interesados que cumplan con el perfil enviar su Hoja de vida al correo rrhh@cafeexport.com

Por favor, indicar en asunto: Auxiliar de Contabilidad (Bogotá).

Lugar: Sede Principal de Café Export Calle 13, 824. Torre A. Primera Planta. Cundinamarca, Bogotá.

Salario: $ 1'000.000.

Comienzo: Inmediato.

Duración: 6 meses.

Tipo de trabajo: Tiempo completo.

Solicitudes: Enviar currículum por correo electrónico.

Contacto: Beatriz Elena Arboleda de RR. HH.

COMERCIAL E IMPORTADORA SONORENSE, S.A

La Paz, B. California, México.

Agente de ventas

Requisitos:
- Escolaridad Secundaria, y/o preparatoria.
- No necesaria experiencia previa.
- Licencia de conductor.
- Don de gentes y dotes comerciales.
- Disponibilidad para viajar.

Ofrecemos:

Sueldo base más comisiones, prestaciones de ley, vehículo utilitario, empleo estable. Interesados enviar currículum con fotografía o presentarse en Camino al rastro Municipal S/N Col. Progreso.

Café Export
- **a.** Puesto / Cargo:
- **b.** Sueldo / Salario:
- **c.** Lugar de trabajo:

Comercial e Importadora Sonorense
- **a.** Puesto / Cargo:
- **b.** Sueldo / Salario:
- **c.** Lugar de trabajo:

2.1. Lee de nuevo las ofertas de empleo y marca si los siguientes enunciados corresponden a Café-Export o a Comercial e Importadora Sonorense. Después, comparad vuestras respuestas en parejas y justificadlas.

	Café Export	Comercial...
a. Marcela puede llevar el currículum personalmente.	◯	◯
b. El contacto es del Departamento de Recursos Humanos.	◯	◯
c. Marcela necesita haber trabajado antes en el sector.	◯	◯
d. El contrato que ofrecen a Marcela es temporal.	◯	◯
e. Marcela tiene que empezar a trabajar lo antes posible.	◯	◯
f. El sueldo que ofrecen a Marcela no es fijo.	◯	◯

3. Relaciona las siguientes palabras con su significado y di en qué estado se encuentra Marcela en estos momentos.

1. ocupada, empleada.
2. desempleada, parada, desocupada.
3. jubilada, retirada.

a. No tiene empleo porque su edad supera los 65 años.
b. Tiene un empleo.
c. No tiene un empleo.

Marcela está ....

4. 16 Escucha la audición sobre el desempleo en los países hispanos y corrige la información incorrecta.

a. La prestación de desempleo es para toda la vida. ....

b. La prestación se obtiene al dejar voluntariamente un puesto de trabajo. ....

c. Existe un seguro de desempleo en todos los países del mundo hispano. ....

4.1. Según la audición, relaciona las definiciones con la palabra correspondiente.

1. Ampliación de la duración de un contrato de trabajo.
2. Ayuda económica que se recibe.
3. Dinero que se da a alguien por un daño sufrido.
4. Decisión del empresario de finalizar la relación laboral con un empleado.
5. Cantidad de dinero que por ley un ciudadano debe pagar para mantener los gastos públicos.

a. prestación
b. impuesto
c. indemnización
d. renovación
e. despido

5. Viendo a Marcela, imaginad y escribid los datos de su currículum y decidid, después, en cuál de las ofertas de empleo puede estar más interesada.

Datos personales: ....

Estudios: ....

Experiencia laboral: ....

Otros datos de interés: ....

6. ¿Existe una prestación por desempleo en tu país? En caso afirmativo, ¿quién la recibe? ¿Pagan impuestos todas las personas que trabajan? Escribe un breve texto explicándolo.

Doctor, doctor

UNIDAD 17

1. Observad la imagen y, en parejas, comentad cuál creéis que es el tema de esta unidad.

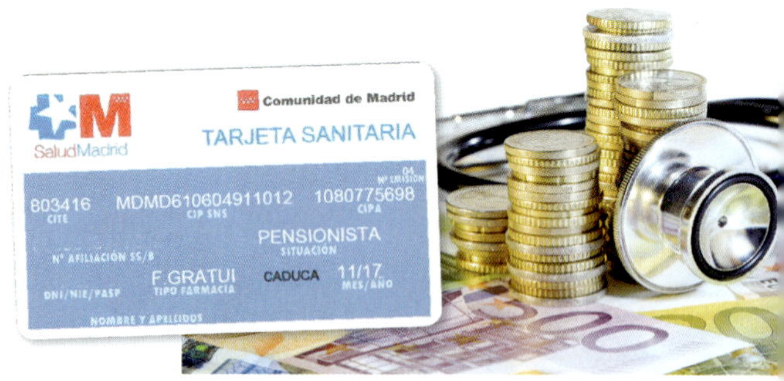

2. Las siguientes palabras están relacionadas con los servicios sanitarios públicos en los países de habla hispana. Completa el texto con ellos y comprueba tu respuesta anterior.

impuestos | asistencia sanitaria | médico de cabecera | pacientes | especialista | subsidio | público | privados | servicios de salud

EL SISTEMA SANITARIO PÚBLICO EN ESPAÑA Y COLOMBIA

En la mayoría del mundo hispanohablante existen dos tipos de sistemas sanitarios. El sistema sanitario **(1)** ...., que depende de los gobiernos del país donde se da, y los servicios sanitarios **(2)** ...., que dependen de empresas.

El sistema sanitario público español está financiado a través de los **(3)** .... que pagan los ciudadanos para garantizar la **(4)** ...., independientemente de la situación económica y laboral de las personas. En España, más del 90% de la población utiliza este sistema de salud pública que les permite elegir su **(5)** .... o general, a través del que obtiene acceso al resto del sistema sanitario. La mayoría de los **(6)** .... consigue una cita con su médico uno o varios días después de la solicitud. Para consultar a un **(7)** ...., deben ir primero al médico de cabecera, que después lo remitirá a él. En estos casos, las listas de espera suelen ser más largas, en algunas ocasiones de varios meses.

El sistema sanitario en Colombia también garantiza los **(8)** .... a todos los habitantes colombianos, independientemente de su situación económica. Los ciudadanos colombianos pueden acceder al sistema de salud de dos formas:

–Régimen contributivo, a través de una empresa promotora de salud (EOS): para aquellas personas con un sueldo equivalente al salario mínimo legal.

–Régimen subsidiado: para aquellas personas pobres o vulnerables económicamente y sus núcleos familiares, teniendo especial importancia las madres durante el embarazo, parto, postparto y periodo de lactancia; las mujeres cabeza de familia; las personas mayores de 65 años y los discapacitados, entre otros. El **(9)** .... recibido varía dependiendo de la capacidad económica de las personas que lo reciben.

2.1. Vuelve a leer el texto y di si estos enunciados son verdaderos (V) o falsos (F).

a. En España, todos los ciudadanos pueden disfrutar de la sanidad pública independientemente de su situación económica. .... (V) (F)

b. En España, el paciente puede pedir directamente cita con un especialista. .... (V) (F)

c. En Colombia, todos pueden cobrar un subsidio para la sanidad. .... (V) (F)

d. En Colombia, la forma de acceder a la sanidad varía en función de los ingresos. .... (V) (F)

3. 17 A Este es Rogelio, es español y tiene 6 años. A Rogelio le duele el brazo. Escucha la conversación telefónica que mantiene su padre y contesta a las preguntas.

a. ¿A dónde llama el padre de Rogelio? ....

b. ¿Para qué llama? ....

c. ¿Qué información le pide la persona que le atiende? ....

d. ¿Para qué día le dan cita con el médico en un principio? ....

e. ¿Para cuándo consigue cita finalmente? ....

f. ¿Dónde es la consulta del médico? ....

3.1. Escucha esta nueva conversación y responde.

17 B

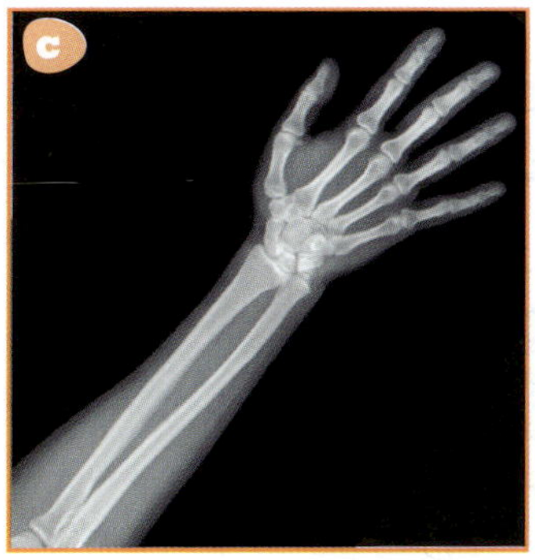

a. ¿Dónde están ahora? ....

b. ¿Por qué grita Rogelio? ....

c. ¿Qué necesitan hacerle a Rogelio? ....

d. ¿Dónde deben ir? ....

3.2. Según la anterior audición, ¿qué diferencias crees que hay entre un centro de salud o un hospital? En parejas, marcad qué afirmación corresponde a cada uno.

	Centro de salud	Hospital
a. Ofrece asistencia sanitaria y farmacéutica primaria.	◯	◯
b. Los pacientes duermen allí.	◯	◯
c. Hay uno en cada barrio.	◯	◯
d. Nos atiende el médico de cabecera.	◯	◯
e. Tiene horario de visitas a los enfermos.	◯	◯
f. Es el primer nivel de asistencia.	◯	◯
g. Se da asistencia a enfermos para su diagnóstico y tratamiento.	◯	◯

3.3. Ahora, lee el siguiente texto y comprueba tus respuestas anteriores.

En el centro de salud, también llamado sanatorio, centro de asistencia primaria o ambulatorio, se presta asistencia médica y farmacéutica a la población en un primer nivel asistencial sanitario. Suele haber uno en cada barrio o en cada pueblo.

El hospital es el lugar donde se atiende a los enfermos para proporcionar el diagnóstico y tratamiento que necesitan. Los pacientes duermen aquí para estar bajo vigilancia. Los hospitales permanecen abiertos todo el día, pero los horarios de visita a los enfermos suelen ser limitados.

4. Habla con tu compañero.

a. ¿Existe en vuestros países la sanidad pública y la privada? ¿Cómo funcionan? ¿Cuál pensáis que es mejor?

b. ¿Existen también diferentes centros de asistencia sanitaria? ¿Cómo funcionan?

5. En equipos, colaborad en la creación de la web de vuestro país informando a los hispanos que viven ahí sobre cómo funciona la sanidad.

Sanidad

http://www. .... .com

DESCUBRE

....

Ir al médico/doctor en ....

FOLCLORE

SANIDAD

Primero, debes ....

Extranjeros

UNIDAD 18

1. **Observad el gráfico y responded a las siguientes preguntas.**

Fuente: www.emol.com según Censo de 2012

a. ¿En qué continente se encuentran la mayoría de los países que cita el gráfico?

b. ¿De dónde proviene la mayor parte de los extranjeros en Chile, según el Censo?

2. 18 **Escucha la entrevista con el ministro de Interior de otro país de habla hispana y contesta a las preguntas.**

a. ¿A qué país se refiere? ....

c. ¿Cuál es la principal procedencia de los inmigrantes actualmente? ....

b. ¿Qué porcentaje de población inmigrante tiene este país? ....

d. ¿Cuáles son las causas por las que la inmigración bajó en 2008? ....

....

3. **Alba no encuentra trabajo en España y quiere probar suerte en Chile. Lee el texto y corrige si es necesario las afirmaciones que aparecen a continuación.**

Vivir en un país extranjero significa no solo adaptarse a una cultura y a un estilo de vida diferente, sino también a los costos de la vida. Tener información sobre el precio de algunos bienes y servicios es un elemento fundamental cuando alguien decide emigrar.

Desde un punto de vista positivo, podemos decir que Chile es, desde hace ya más de diez años, una de las economías más estables de Sudamérica. Sin embargo, de modo negativo y comparado con otros países latinoamericanos, Chile ya no es un lugar tan barato como el resto de países, sobre todo si se considera que el sueldo mínimo alcanza tan solo, según los últimos estudios, los 264.000 pesos chilenos, algo así como 400 dólares americanos.

Tanto en Santiago como en las principales regiones del país existen diversas ofertas de viviendas, ya sea casas, departamentos o pisos compartidos, con una amplia variedad de precios, dependiendo de la ubicación. En la capital, las comunas de Las Condes, Vitacura, Providencia, La Reina, Ñuñoa y Santiago Centro son las preferidas para vivir, no solo porque son más seguras sino porque tienen una buena ubicación y, gracias al transporte público, también tienen fácil acceso a establecimientos como bancos, museos, universidades e institutos educacionales, bares, restaurantes, etc.

En cuanto a los gastos de alimentación, vida social y vestimenta, varían notoriamente dependiendo de los hábitos y estilos de vida. Por ejemplo, los costos aumentan sustancialmente si se sale a comer a restaurantes habitualmente, se posee un auto o se vive en una casa solo.

En conclusión, tenemos que decir que los costos de la vida en nuestro país son muy variados y obedecen no solo a los ingresos sino también a los gustos y modos de vida que se quieran llevar.

Adaptado de www.extranjerosenchile.cl

a. Vivir en Chile es ahora más barato. ....

b. La comuna de Santiago Centro está muy bien situada. ....

c. Vivir en Chile supone 264 000 pesos (400 dólares americanos). ....

d. El costo de vida en Chile depende solo de los hábitos y estilo de vida . ...

4. El sueldo mínimo en Chile es de 400 dólares americanos aproximadamente. ¿Te parece alto o bajo? ¿Cuál es el sueldo mínimo en tu país? Habladlo en parejas.

5. Ayuda a Alba a realizar los trámites para su viaje. Mira en la página de extranjería de Chile. ¿Qué permiso debe solicitar Alba?

Departamento de Extranjería y Migración de Chile

http://www.extranjeria.gov.cl

Departamento de Extranjería y Migración
Ministerio del Interior y Seguridad Pública
Gobierno de Chile

EXTRANJERÍA DE CHILE

Permisos de residencia

Los permisos de residencia son la autorización temporal a una persona extranjera para vivir en el territorio nacional y realizar las actividades contempladas por la ley.

-**Visa sujeta a contrato:** para los ciudadanos extranjeros que viajan a Chile para cumplir un contrato de trabajo.

-**Visa temporaria:** para aquellos extranjeros que tienen familia o intereses en el país, cuando su residencia se considera útil y conveniente. Es válida por un periodo máximo de un año, renovable hasta completar dos años. Después, el extranjero debe pedir la permanencia definitiva o abandonar el país.

-**Visa de estudiante:** para los estudiantes extranjeros que viajen a Chile como alumnos regulares, en establecimientos de enseñanza del Estado o particulares reconocidos por este. Válido por un año.

Permiso de permanencia definitiva

La Permanencia Definitiva es el permiso para los extranjeros que quieren vivir indefinidamente en Chile y desarrollar cualquier actividad legal en el país.

Pueden solicitar este permiso:

- Ciudadanos extranjeros con visa sujeta a contrato durante dos años.
- Ciudadanos extranjeros con visa temporaria (ver casos).
- Ciudadanos con visa de estudiantes de al menos dos años y acreditar la finalización de los estudios.
- Otros (ver casos).

Adaptado de www.extranjeria.gob.cl

5.1. Vuelve a leer el texto y di si las siguientes afirmaciones son verdaderas (V) o falsas (F).

a. Con una visa de estudiantes, se puede trabajar. .... V F
b. La visa temporaria se da cuando la residencia es útil o conveniente. .... V F
c. Los extranjeros con visa temporaria pueden pedir la permanencia definitiva siempre. .... V F
d. Los permisos de residencia son definitivos. .... V F

6. Habla con tu compañero.

a. ¿Hay muchos extranjeros en tu país? ¿Sabes qué nacionalidad es la más frecuente?
b. ¿Conoces a personas inmigrantes en tu país? ¿Sabes por qué vinieron?
c. ¿Sabes si existen en tu país diferentes permisos para los inmigrantes?

7. Has recibido un correo electrónico de Alba diciéndote que Chile no le convence y que prefiere probar suerte en tu país. Respóndele informándole de los permisos de residencia que existen. Si lo necesitas, puedes buscar información en Internet.

Felices Fiestas

UNIDAD 19

1. ¿Qué festividades creéis que representan estas imágenes? ¿Con qué cultura las relacionáis? ¿Qué tienen todas en común?

a

b

c

d

2. 19 **La Navidad es la fiesta más importante para los cristianos. Intenta contestar a las preguntas de este test navideño. Después, escucha y comprueba.**

1. La Navidad es la celebración de...
   a. el nacimiento de Jesucristo.
   b. la muerte de Jesucristo.
2. La fecha de celebración es el...
   a. 31 de diciembre.
   b. 25 de diciembre.
3. Celebran estas fiestas...
   a. los cristianos, no cristianos y ateos.
   b. los cristianos, católicos o no.
4. En Puerto Rico la Navidad dura...
   a. desde diciembre hasta enero.
   b. desde noviembre hasta febrero.
5. La principal costumbre navideña hoy en día es...
   a. el intercambio de regalos.
   b. el consumismo.
6. La Iglesia católica en los países hispanos...
   a. intenta recuperar el sentido religioso original de la festividad.
   b. celebra la fiesta de la Virgen de la Candelaria.

3. **Las siguientes imágenes están relacionadas con la Navidad hispana. ¿Reconoces alguna? Comentadlo en parejas.**

a

b

c

d

e

f

g

h

i

j

k

l

m

3.1. Lee el siguiente sitio web y comprueba tus hipótesis anteriores, relacionando las imágenes de la actividad 3 con la palabra en negrita correspondiente.

Calendario navideño

www. mundofestivo.com

ANTES DEL 24 DE DICIEMBRE

Antes del 24 de diciembre, las ciudades encienden su (1) **alumbrado navideño.** Las calles se llenan de luces, y las casas y edificios públicos se adornan con ( ) **decoración navideña.** Tampoco puede faltar el ( ) **árbol de Navidad**, que es un pino decorado, y el ( ) **pesebre** o **portal de Belén**, que es una representación del nacimiento de Jesús formado por pequeñas figuras. Un elemento decorativo muy común en algunos países es la ( ) **corona de adviento**, que lleva cuatro velas para encenderlas los cuatro domingos anteriores a la Navidad. En cada país hispano existen diferentes tradiciones navideñas previas al 24 de diciembre. Algunas muy populares son Las novenas (Colombia, Ecuador y Venezuela entre otros) o las Posadas (típicas de México, pero que también celebran EE.UU., Colombia, Ecuador o Venezuela).

24 DE DICIEMBRE

El 24 de diciembre se celebra la Nochebuena o el nacimiento de Jesucristo. Es costumbre hacer una gran ( ) **cena** con la familia y cantar ( ) **villancicos**, que son las canciones tradicionales de la Navidad. Algunas personas acuden a las 12 de la noche a la Misa del Gallo. En esta noche viene ( ) **Santa Claus** o **Papá Noel** a dejar ( ) **regalos** o **presentes** a los niños. En Chile, a este personaje se le llama "El Viejito Pascuero". En algunos países como Colombia, Ecuador o Venezuela, quien deja regalos a los niños es el Niño Dios, que es el Niño Jesús; y en otros, como España, lor regalos los traen los Reyes Magos de Oriente el 6 de enero.

25 DE DICIEMBRE

El 25 de diciembre se celebra la Navidad, también en familia y con una gran comida típica de estas fechas, que varía en cada país. Se toman ( ) **dulces navideños** típicos de cada lugar y, en algunas ocasiones, se intercambian regalos.

31 DE DICIEMBRE

El 31 de diciembre es Nochevieja y se celebra con una gran cena en casa o en un restaurante. En algunos países, como México o España entre otros, se toman ( ) **doce uvas** de la suerte con las doce últimas campanadas del año. En otros países, como Colombia y Perú, se recibe el nuevo año quemando un ( ) **muñeco** que representa lo que se quiere abandonar para empezar el nuevo año. Como en otros países, esa noche es normal ( ) **brindar** por el nuevo año y salir de fiesta hasta el día siguiente.

1 DE ENERO

El 1 de enero es Año Nuevo. Ese día la gente se levanta tarde después de la fiesta de la noche anterior. También se celebra en familia y con otra gran comida.

3.2. Vuelve a leer y completa los siguientes enunciados según la información del texto.

a. Si quieres representar el nacimiento de Jesús, debes colocar un ....

b. En algunos países hispanos, los niños no reciben regalos del Papá Noel, sino de ....

c. El último domingo antes de Navidad encendemos la última vela de la ....

d. Para eliminar lo negativo del año anterior, el día 1 de madrugada se quema ....

4. ¿Se celebra la Navidad en tu país? Si no se celebra, ¿cuál es la celebración más importante? ¿Qué imágenes, objetos o símbolos son más característicos? Escribe un breve texto explicándolo.

De compras

UNIDAD 20

1. ¿Qué diferencias hay en entre estas dos fotografías? ¿Cuál prefieres o es más común para ti? Comentadlo en parejas.

a

b

2. Vas a hacer la compra en un país hispano, pero antes haz una lista relacionando las dos columnas.

1. una docena de	a. manzanas
2. una lata de	b. chocolate
3. un paquete de	c. pescado
4. una caja de	d. huevos
5. una tableta de	e. leche
6. un litro de	f. atún
7. un kilo de	g. galletas
8. dos filetes de	h. agua
9. una botella de	i. bombones
10. doscientos gramos de	j. jamón cocido

3. Ahora, escribe al lado de cada definición el nombre de la tienda de comestibles correspondiente.

hipermercado | charcutería, chacinería | supermercado
mercado | pescadería | carnicería | frutería

a. Tienda donde venden embutidos y conservas de carne de cerdo: ....

b. Establecimiento comercial donde se vende todo género de artículos alimenticios, bebidas, productos de limpieza, etc. El cliente se sirve solo y paga a la salida: ....

c. Sitio, puesto o tienda donde se vende pescado: ....

d. Gran supermercado, generalmente está en la periferia de las grandes ciudades: ....

e. Sitio público destinado, permanentemente o en días señalados, a vender artículos varios: ....

f. Tienda donde se vende carne de distintos animales (pollo, cerdo, ternera...): ....

g. Tienda donde podemos comprar manzanas, peras, plátanos...: ....

3.1. ¿Existen estos tipos de comercios en tu país? ¿Venden lo mismo? ¿Existen otros establecimientos para comprar comida?

4. Vas a conocer algo más sobre los mercados del mundo hispano. Escucha la audición y contesta a las siguientes preguntas. 20

a. ¿Cuál es el nombre de este mercado? ....
b. ¿En qué país y ciudad se encuentra? ....
c. ¿Qué podemos comprar en él? ....
d. ¿Qué se celebra en la Plaza Dorrego? ....
e. ¿Qué día de la semana y en qué horario? ....
f. ¿Cuántos puestos podemos encontrar? ....

5. Lee ahora sobre otros mercados del mundo hispanohablante. Después, haz preguntas a tu compañero para completar tu texto y contesta a sus preguntas con la información que tienes.

Alumno A

Tú informas:

MERCADO DE CHICHICASTENANGO

1. Se celebra los jueves y domingos.
2. Formado por unos 3000 puestos.
3. Ofrece productos artesanales y comida.
4. Es muy alegre y festivo.

Tú preguntas:

El Mercado de San José (en catalán *Mercat de Sant Josep*), popularmente conocido como La Boquería, es el mercado más grande de Cataluña (España). Situado en (1) .... de Barcelona, ofrece, tanto a los compradores de la ciudad como a los restauradores, una gran variedad de (2) .... Podemos comprar todo tipo de productos frescos, desde vegetales hasta insectos. Con más de (3) .... puestos, es el lugar más visitado por los (4) ....

Alumno B

Tú informas:

MERCADO DE SAN JOSÉ, LA BOQUERÍA

1. Está situado en La Rambla de Barcelona.
2. Formado por más de 300 puestos.
3. Ofrece alimentos locales y exóticos.
4. Visitado por muchos turistas.

Tú preguntas:

Muchos vendedores de todo el país de Guatemala acuden (1) .... a la pequeña ciudad de Chichicastenango. Allí podemos encontrar un mercado con unos (2) .... puestos de (3) .... de varias culturas indígenas, como ropa, complementos, decoración, etc. Es un sitio muy (4) ...., con música y fuegos artificiales.

5.1. Una vez completados los textos, ¿qué imagen crees que corresponde a cada mercado? Comentadlo en parejas.

a

b

6. Piensa en un mercado muy famoso en tu ciudad y escribe un texto siguiendo el ejemplo de la actividad 5 (nombre del mercado, dónde y cuándo se celebra, cuántos puestos tiene o qué tipo de productos ofrece...).

¿Sabes...

1. cuántas comidas hacen al día los hispanohablantes?
2. qué horarios de comida tienen?
3. el nombre de algún plato hispano?
4. qué ingredientes lleva o cómo se prepara ese plato?
5. si los hispanohablantes suelen comer fuera de casa?
6. dónde lo hacen?
7. qué tipo de comida o platos suelen comer cuando salen?
8. cómo se celebra en los países hispanohablantes el día del cumpleaños?
9. el nombre de algún periódico de habla hispana?
10. qué tipo de programas son más populares en España y en América Latina?
11. el nombre de algún programa o espacio televisivo hispano?
12. el nombre de alguna compañía telefónica de algún país hispano?
13. cómo visten en los países de habla hispana?
14. cuál sería tu talla de ropa en España? ¿Y en México?
15. cuál sería tu número de pie en España? ¿Y en México?
16. el nombre de alguna marca de ropa de algún país hispanohablante?
17. cómo prefieren pasar el tiempo libre los hispanohablantes?
18. el nombre de alguna aerolínea de algún país hispanohablante?

Tengo hambre

1. En parejas, relacionad las palabras con las imágenes. Para comprobar vuestras respuestas, podéis consultar Internet.

(e) bollos	( ) salsa picante	( ) jugo de frutas	( ) tortillas
( ) bocadillo	( ) fruta con chilito	( ) sopa	( ) tamales
( ) chilaquiles	( ) quesadilla	( ) tostadas	( ) tacos
( ) frijoles	( ) refresco	( ) torta	( ) atole

2. Vas a participar en un foro hispano. Lee y contesta a las preguntas.

FORONUMEN

foronumen.com

Inicio > Todas las categorías > Comer y Beber

¿Cuáles son los horarios de las comidas en los diferentes países del mundo?

Colibrí46

¡Hola a todos!

Necesito información acerca de los horarios de las comidas y qué alimentos son los más comunes en los diferentes países hispanos.

Muchísimas gracias a los que respondan.

¡Saludos! xDDDD

a. ¿Sobre qué trata este foro?

b. ¿Qué necesita saber el creador de este foro?

2.1. Estas son las respuestas que dan a Colibrí un español y un mexicano. Léelas y, con tu compañero, comenta qué palabras creéis que pueden ir en cada espacio (no necesitáis escribir, de momento).

yogur | bocadillo | quesadillas | desayuno | jugo de frutas | patatas fritas | cena | comida | atole | tortillas | fruta | frijoles | tamales | café | almuerzo | ensalada | salsa picante | crema

FORONUMEN

foronumen.com

Inicio > Todas las categorías > Comer y Beber

Respuesta 1

Oesed
España

Entre las 7:00 y las 9:00 es el **(1)** ...., a muchos españoles nos gusta tomar tostadas con tomate o con mermelada, y un café.

A media mañana, si tienes hambre, comes algo de **(2)** .... o un **(3)** ...., a esta comida muchas personas la llaman almuerzo.

De 14:00 a 15:30 normalmente es la **(4)** .... (o almuerzo, para otros). Hay personas que comen dos platos: el primero, un entrante, que suele ser una **(5)** ...., una sopa, una ensalada, etc.; y el segundo, que suele ser el plato principal, donde se puede comer, por ejemplo, carne, pescado, pollo… con su acompañamiento (**(6)** ...., arroz, ensalada…). También se puede comer pasta, tortilla, legumbres, etc.

A las 18:00 los niños siempre meriendan al salir del colegio. Lo más frecuente son dulces, un bollo de chocolate, o un **(7)** .... o sándwich.

Entre las 21:00 y las 22:00, aproximadamente, es la cena. Hay personas que cenan bastante, casi como en la comida, pero otras, como yo, cenamos algo más ligero, como un sándwich o una **(8)** ....

☐ Elegir mejor respuesta

Respuesta 2

Karlan
México

En mi caso, desayuno sobre las 8:00-8:30. Desayunamos cereales, café con leche, **(9)** ...., pan, mantequilla, mermelada, galletas o **(10)** ....

El **(11)** .... es a las 11:00. A esta hora solemos comer, por ejemplo, huevos, un sándwich, **(12)** ...., atole con un tamal, **(13)** ...., algún guisado de carne o huevos al gusto acompañado con frijoles o tortillas, o también se puede disfrutar de unos chilaquiles. A veces es el desayuno fuerte, si no se desayunó antes.

A las 14:00 es la comida, que, por lo general, es muy abundante. Consiste en una sopa aguada (consomé, caldo o crema), una sopa seca (arroz o pasta), un plato fuerte a base de **(14)** ...., postre, y **(15)** .... o té. Es costumbre acompañar la comida con agua fresca, tortillas calientes y **(16)** ....

A media tarde es la merienda. Tomamos un café con leche y pan dulce, o una fruta con chilito o un sándwich.

En la noche, sobre las 20:00, es la **(17)** .... Se trata de una comida más ligera pero nutritiva a base de **(18)** ...., atole, tacos al pastor, tortas, quesadillas, etc.

☐ Elegir mejor respuesta

2.2. 21 Escucha y completa, ¿se han acercado vuestras respuestas?

3. Habla con dos compañeros:

a. Elegid qué horarios o comidas de la actividad 2.1. os parecen mejores.

b. ¿Qué diferencias y similitudes encontráis entre los horarios y comidas de España y México? ¿Y en relación a vuestros países?

4. Por último, escribe en el foro cómo son los horarios y las comidas en tu país.

Saboreando

UNIDAD 22

1. ¿Sabes qué es la comida a domicilio? ¿Qué tipo de comida se suele servir de este modo? Observa la imagen y coméntalo con tu pareja.

2. Relaciona cada imagen la palabra correspondiente.

1. ◯ paladar 3. ◯ sabor 5. ◯ pedido
2. ◯ aroma 4. ◯ platos

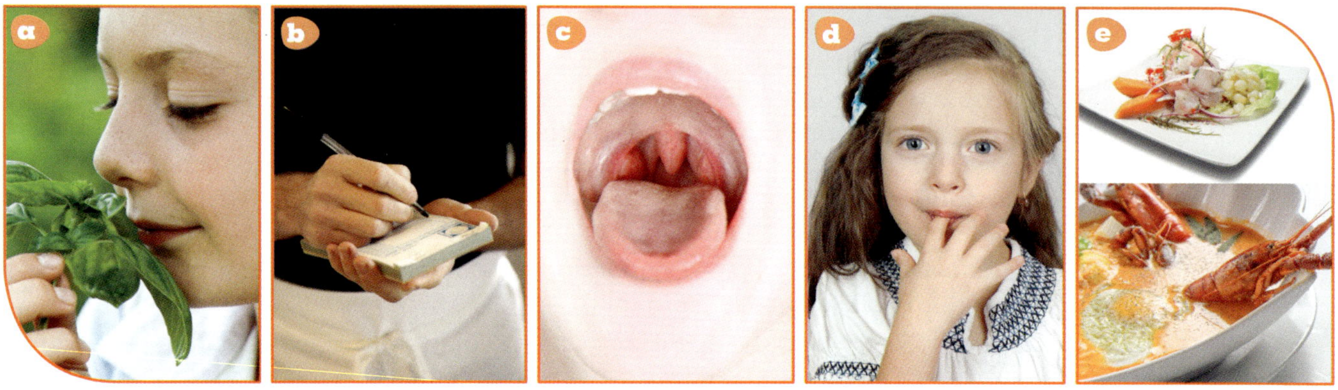

2.1. Completa el texto con las palabras de la actividad anterior. Después, escucha y comprueba tu respuesta. (22)

(1) .... Latino es un restaurante de comida a domicilio especializado en (2) .... latinos. Disfrutarás de todo el (3) .... y (4) .... de los (5) .... más típicos del mundo hispano como el cebiche, la paella o el chupé de camarón. Y sin salir de casa, haciendo cómodamente tu (6) .... por Internet.

2.2. ¿Qué tipo de información has escuchado?

◯ **a.** una entrevista ◯ **b.** un anuncio ◯ **c.** una receta

3. ¿Pides normalmente comida a domicilio? ¿Qué tipo de comida? ¿Te gusta la comida latina? Comentadlo en parejas.

4. Mira las ofertas de Paladar Latino y completa la tabla.

Paladar Latino

www.paladar-latino.es

Opción A Paella para dos con pan y 2 bebidas

La paella es quizás el plato más conocido de la gastronomía española, presente en los restaurantes internacionales. Elige la original (arroz servido con pollo, conejo, judías verdes y garrofones), u otras variedades: de marisco, de verduras, de pollo…, o la mixta, que lleva carne y pescado.

Paladar Latino

www.paladar-latino.es

Opción B 2 tamales y 2 humitas con frijoles y dos bebidas

Uno de los platillos americanos de origen indígena más populares son los tamales, preparados en la gran mayoría de los países hispanoamericanos. Se elaboran generalmente con harina de maíz cocida envuelta en hojas de la mazorca de la misma planta de maíz o de plátano. Lleva relleno de carne, vegetales, frutas, salsa, etc. Además, pueden tener sabor dulce o salado.

Opción C 3 gallo pinto para dos personas con pan y dos bebidas

El gallo pinto en Nicaragua o Pinto en Costa Rica es un plato popular que consiste en arroz y frijoles negros o rojos (de ahí su nombre). Dependiendo de los condimentos usados, puede tener diferentes sabores y olores. Hay algunas variantes, especialmente en la región del Caribe, donde se le llama *rice & beans* y se prepara con aceite de coco.

Opción D 4 fajitas chicanas con salsas, nachos y dos bebidas

Las fajitas son uno de los platos más tradicionales de la cocina mexicana. Consiste en carne servida sobre una tortilla de harina de maíz. Se elaboran en la actualidad con carne de vaca, cerdo, pollo, etc. En algunos restaurantes, la carne va acompañada de pimientos y cebollas. Los condimentos más populares para acompañar las fajitas son la crema agria, el guacamole, el queso y el tomate.

Fuentes: http://www.lapaella.net/; http://www.guiascostarica.com/recetas/recetas04.htm y http://paladarlatino.com/ofertas

	Opción A	Opción B	Opción C	Opción D
Lugar de procedencia				
Ingredientes principales				

4.1. Lee de nuevo y contesta si los siguientes enunciados son verdaderos (V) o falsos (F).

a. Los tamales son de origen europeo. .... (V) (F)
b. La paella podemos encontrarla en muchos restaurantes de todo el mundo. .... (V) (F)
c. El guacamole es un condimento opcional de las fajitas. .... (V) (F)
d. El gallo pinto se prepara del mismo modo en todo el mundo. .... (V) (F)

4.2. ¿Conoces los platos anteriores? ¿Has probado alguno de ellos? Comentadlo en parejas.

5. Ahora vais a negociar el menú que vais a pedir a Paladar Latino. Tened en cuenta qué indica vuestra ficha.

Alumno A

No te gusta nada el arroz ni la cebolla, y quieres probar platos completamente nuevos y exóticos.

Alumno B

Eres vegetariano y, además, tienes mucha hambre.

Puedes usar las siguientes estructuras:
- *Yo prefiero… porque…*
- *De acuerdo, pero yo no puedo/a mí no me gusta…*
- *Podemos pedir…*

6. Ahora, escribe una oferta de menú de tu país fijándote en la actividad 4.

Hoy comemos fuera

UNIDAD 23

1. Observad las dos imágenes. ¿Qué diferencias hay entre ellas? Vosotros, ¿qué preferís?

2. En parejas, relacionad las imágenes con los diferentes tipos de establecimientos para comer fuera.

1. ◯ cafetería
2. ◯ bufé
3. ◯ bar
4. ◯ restaurante
5. ◯ restaurante de comida rápida

a

b

c

d

e

2.1. Escribe para cada definición el nombre del establecimiento correspondiente.

a. ....: se sirve café y otras bebidas. En algunos podemos encontrar comidas y aperitivos dulces o salados. Se suele ir a desayunar y a merendar.

b. ....: aquí cada uno puede elegir y servirse la comida y bebidas que quiera consumir de entre una gran variedad de platos. Se paga una cantidad fija.

c. ....: en él podemos sentarnos en una mesa y esperar a pedir al camarero todo tipo de comida y bebidas.

d. ....: en él podemos sentarnos en la barra o en una mesa y pedir todo tipo de bebidas y aperitivos.

e. ....: podemos tomar alimentos de rápida preparación como hamburguesas, papas fritas, pizza, etc.

3. En parejas, leed las siguientes cartas y relacionad cada una con el tipo de establecimiento correspondiente. Usad el diccionario si lo necesitáis.

a

Menú

Entrantes
Carpaccio
Cóctel de Langostinos
Pan de ajo
Queso

Ensaladas
Caprichosa
Caprese
César
Mixta

Sopas
De tomate
Minestrone

Carnes
Solomillo de ternera a la pimienta verde
Escalopines al limón
Pollo a la plancha
Entrecot Diana

Pescados
Dorada a la plancha
Salmón
Calamares

Todas nuestras carnes y pescados van acompañados de guarnición de patatas y verduras

....

b

Carta

Tapas – Aperitivos
Ensaladilla rusa
Pincho de tortilla
Queso
Jamón ibérico
Mejillones
Berberechos
Gazpacho andaluz
Empanadillas de atún y tomate
Croquetas caseras

Raciones
Patatas bravas
Pulpo a la gallega
Sepia a la plancha
Calamares
Albóndigas de ternera
Huevos rotos con jamón
Berenjenas rebozadas
Revuelto de setas

Bocadillos
Atún
Jamón
Tortilla
Beicon
Chorizo
Lomo

Suplementos:
Queso, Cebolla, Lechuga

....

c

Carta

Cafés, infusiones y chocolates
Solo
Cortado
Con leche
Capuchino
Té
Manzanilla
Chocolate caliente
Chocolate con nata

Tostadas
con aceite y tomate
con mantequilla y mermelada
con sobrasada

Bollería
Cruasán
Donuts
Magdalenas
Bizcocho de limón

Crepes y tortitas
con chocolate y nata
con mermelada
con helado de chocolate
con nata y sirope

Zumos y batidos
Zumo de naranja natural
Batido de chocolate, fresa o vainilla

....

d

Menú

Hamburguesa mixta
Hamburguesa doble
Perrito caliente sencillo
Perrito caliente especial
Ensalada de col
Sándwich de la casa
Sándwich de jamón y queso
Sándwich de pollo
Club sándwich
Papas fritas

....

4. 23 Escucha los diálogos y escribe el establecimiento en el que suceden.

1 .... 2 .... 3 .... 4 .... 5 ....

4.1. 23 Intenta recordar en qué establecimiento piden los siguientes productos. Después, escucha de nuevo y comprueba.

a. Pincho de tortilla ....
b. Cerveza ....
c. Papas fritas ....
d. Ensalada caprese ....
e. Capuchino ....
f. Refresco de naranja ....
g. Solomillo a la pimienta ....
h. Alfajor de chocolate ....
i. Hamburguesa de queso ....
j. Pollo a la mostaza ....
k. Tarta de queso ....
l. Coca-cola ....

5. bla bla ¿Te gusta comer fuera? ¿Prefieres hacerlo para desayunar, comer o cenar? ¿A qué establecimientos prefieres ir? ¿Hay diferencias entre los establecimientos que has visto y los de tu país? Comentadlo en parejas.

6. Tienes una amiga que está viviendo en España y va a abrir un restaurante de tu país allí. Te ha llamado para que la ayudes a elaborar la carta. Escribe una siguiendo el modelo de la actividad 3.

Feliz cumpleaños

UNIDAD 24

1. Observad las imágenes. ¿Qué están celebrando las personas que aparecen en ellas?

2. Lee el texto sobre el día del cumpleaños en el mundo hispano y relaciona, después, cada palabra con su imagen correspondiente.

El día del cumpleaños es el día en el que se celebra el nacimiento del "cumpleañero" o la persona que cumple años. En el mundo hispanohablante hay diferentes costumbres relacionadas con este día; por ejemplo, en Chile se *mantea* al cumpleañero mientras que en España y en Argentina se le (1) **tira de las orejas**. El afortunado recibe (2) **regalos** y (3) **tarjetas** de felicitación. También es propio hacer o comprar una (4) **torta** o **tarta de cumpleaños** y (5) **soplar las velas**, tantas como años se cumplen, y cantar una canción de cumpleaños.

Los niños suelen celebrarlo con fiestas decoradas con (6) **serpentinas** y (7) **globos**, donde puede haber (8) **payasos** y (9) **magos**, y se organizan juegos infantiles, por ejemplo: romper la (10) **piñata**, *ponle la cola al burro*, la (11) **carrera de sacos** o el (12) **juego de las sillas**.

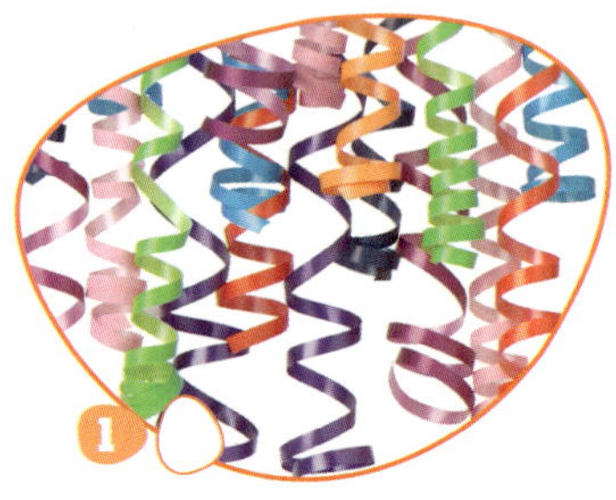

2.1. Vuelve a leer el texto y di si las afirmaciones son verdaderas (V) o falsas (F).

a. El cumpleañero es un regalo para la persona que cumple años. .... V F

b. El número de velas que sopla el cumpleañero es el número de años que cumple. ..... V F

c. Las serpentinas y los globos son juegos infantiles. .... V F

d. En las fiestas de cumpleaños suele prepararse un gran pastel. .... V F

2.2. En el texto de la actividad 2 aparecen dos expresiones nuevas: *mantear* y *ponle la cola al burro*. En parejas, buscad en Internet en qué consisten y escribidlo.

a. Mantear: ....

b. Ponle la cola al burro: ....

3. Busca en Internet y escucha y lee diferentes canciones que existen en el mundo hispano para desear un cumpleaños feliz. ¿Cuál te gusta más? ¿Existe alguna canción de cumpleaños propia de tu país? Coméntalo con tus compañeros.

Las mañanitas

Estas son las mañanitas
que cantaba el rey David,
hoy por ser tu cumpleaños,
te las cantamos a ti.
Despierta mi bien despierta,
mira que ya amaneció.
Ya los pajarillos cantan,
la luna ya se metió.
¡Qué linda está la mañana
en que vengo a saludarte,
venimos todos con gusto
y placer a felicitarte!...

México, Colombia, Bolivia, etc.

¡Ay! Qué noche tan preciosa

¡Ay! Qué noche tan preciosa
es la noche de tu día
todo lleno de alegría
en esta fecha natal.
Tus más íntimos amigos
esta noche te acompañan,
te saludan y desean
un mundo de felicidad.
Yo por mi parte deseo
lleno de luz este día,
todo lleno de alegría
en esta fecha natal...

Venezuela

Cumpleaños feliz

Cumpleaños feliz,
cumpleaños feliz,
te deseamos todos (o nombre)
cumpleaños feliz.

España

Que los cumplas feliz

Que los cumplas feliz,
que los cumplas feliz,
que los cumplas (nombre),
que los cumplas feliz...

Argentina

4. 24 Tienes un mensaje nuevo en tu contestador automático. Escúchalo y contesta a las siguientes preguntas.

a. ¿Cuál es el motivo de la llamada? ....

b. ¿Para quién es la fiesta? .... c. ¿Cuándo es? ....

d. ¿Dónde es? .... e. ¿A qué hora es? ....

f. ¿Qué va a hacer Daniel? ....

g. ¿Qué te pide a ti? ....

5. ¿Cómo suelen celebrar el cumpleaños los niños y los adultos en tu país? Escribe un texto similar al de la actividad 2 explicándolo.

Periódicos hispanos

UNIDAD 25

1. Observad las imágenes y, en parejas, responded a las siguientes preguntas.

a. ¿Lees el periódico cada día?

b. ¿Prefieres la versión digital o en papel?

2. Lee los siguientes fragmentos de noticias hispanas y relaciónalos con su titular correspondiente. Usa el diccionario si lo necesitas.

1 ◯

Le siguen Argentina y Uruguay, según un reporte sobre el estado de las madres en 165 países.

2 ◯

Según el Ministerio del Ambiente, corrientes de agua cálida frente a Lima ocasionan la migración de peces de agua fría y la muerte por falta de alimento de varias especies, como el pelícano o el lobo marino.

3 ◯

Las protestas contra las vías de pago coinciden con planes para extender el sistema.

a. Perú 21

Muertes de animales marinos continuarán hasta agosto

Sábado 26 de mayo

b. EL PAÍS

#Novullpagar, la campaña antipeajes en Cataluña

3 de mayo

c. JUVENTUD rebelde

Cuba, mejor país en América Latina para ser madre

10 de mayo

3. Estos son otros periódicos importantes en el mundo hispano. En parejas, relacionadlos con su país de procedencia. Para ayudaros, visitad sus sitios webs.

1. Clarín.com (http://www.clarin.com) .... ●
2. El Universal Online (http://www.el-universal.com.mx) .... ●
3. El Mundo (http://www.elmundo.es) .... ●
4. La Tercera (http://www.tercera.com) .... ●
5. Los Tiempos (http://www.lostiempos.com) .... ●
6. El Nacional (http://www.el-nacional.com) .... ●
7. El Colombiano (http://www.elcolombiano.com) .... ●
8. El Observador (http://www.elobservador.com.uy/portada) ... ●

● a. España
● b. Argentina
● c. Colombia
● d. Bolivia
● e. Uruguay
● f. México
● g. Venezuela
● h. Chile

3.1. Existen diferentes tipos de diarios. Relaciona las dos columnas para descubrirlo. ¿De qué tipo son los diarios de la actividad anterior?

1. Nacional .... ◯
2. Local .... ◯
3. Deportivo .... ◯
4. Financiero .... ◯

a. Se compra en una región o zona del país.
b. Contiene básicamente noticias deportivas.
c. Contiene básicamente noticias sobre economía.
d. Puedes comprarlo en todo el país.

3.2. ¿Cuáles son los periódicos más populares en tu país? Decídelo con tu compañero y escribid ejemplos para cada caso, si los hay.

Diario nacional	Diario local	Diario deportivo	Diario financiero

4. 25 Escuchad la siguiente entrevista radiofónica y contesta a las preguntas.

1. El tema principal de la entrevista...
   a. son los periódicos más importantes del mundo hispanohablante.
   b. es el hábito de lectura de prensa en el mundo hispanohablante.
   c. son los periódicos en línea.
2. En la entrevista se afirma que...
   a. leer prensa es un hábito de muchos hispanos.
   b. a los hispanos no les interesa leer prensa.
   c. la mayoría de los hispanos lee prensa.
3. Según Mónica Sulecio...
   a. actualmente se lee más prensa en papel que en Internet.
   b. actualmente solo se lee prensa en Internet.
   c. cada vez hay más gente que lee prensa *online*.
4. Escribe tres lugares donde se puede comprar prensa en el mundo hispano:
   a. ....
   b. ....
   c. ....

4.1. Según la audición, estos son los lugares donde suelen leer prensa los hispanos. Escribe el nombre de cada uno debajo de su imagen correspondiente.

En .... En .... En .... En .... En ....

5. En parejas, responded a las siguientes preguntas.

En tu país...

a. ¿Dónde se pueden comprar diarios?
b. ¿En qué lugares se suelen leer?
c. ¿Qué tipo de periódico se lee más? ¿En qué formato? ¿Se lee mucho o poco?
d. ¿Cuáles son tus hábitos a la hora de leer prensa?

Aplausos

UNIDAD 26

1. **Observa las imágenes y responde a las preguntas.**

a. ¿Qué te gusta más hacer: ver la televisión o escuchar la radio?

b. ¿Con qué frecuencia ves la televisión o escuchas la radio?

c. ¿Dónde y cuándo lo haces?

2. **Relaciona los tipos de programas con su imagen correspondiente. Después, comparad vuestras respuestas en parejas.**

1. ◯ concurso	4. ◯ documental	7. ◯ dibujos animados
2. ◯ informativos/noticiero	5. ◯ serie	8. ◯ magacín
3. ◯ telenovela	6. ◯ *reality show*	9. ◯ película

a

b

c

d

e

f

g

h

i

3. **Escucha y escribe el tipo de programa que corresponde a cada fragmento.** 26

◯ telenovela ◯ *reality show* ◯ informativos/noticiero

3.1. **Escucha de nuevo y marca la opción correcta.** 26

1. El problema de Lenda está afectando...
   a. a su vida personal.
   b. a su vida profesional.

2. Susana Díaz se presentará a las elecciones de marzo...
   a. junto a tres candidatos más.
   b. junto a dos candidatos más.

3. Victoria...
   a. sufre porque el Padre Ángel ya no la quiere.
   b. descubre quién es su hija abandonada.

4. Lee las programaciones de estas dos cadenas de televisión hispanas y di qué tipo de programas son los que aparecen. Usa el diccionario si lo necesitas.

tve — España — Programación para hoy

1

10:05	**La mañana de la 1** Magacín matinal conducido por María Casado que reúne información de actualidad, entrevistas, reportajes y el espacio de salud 'Saber vivir'. (1) ....
13:25	**Torres en la cocina** Patatas rellenas y pollo al ajillo. (2) ....
14:30	**Corazón** Crónica social sobre los famosos del mundo de la música, la moda, el cine y el teatro. El objetivo del programa es transmitir también la cara humana y familiar del personaje. (3) ....
15:00	**Telediario 1** El noticiario audiovisual más veterano de la historia de la televisión en España. Pilar García Muñiz repasa a diario la actualidad de España y el mundo. Sergio Sauca la acompaña en el apartado deportivo. (4) ....
16:25	**Acacias 35 episodio 490** Una historia de ricos y pobres que conviven en un portal en el número 38 de la calle Acacias. Sentimientos como el amor, los celos, las pasiones o las venganzas aparecen en esta telenovela ambientada entre finales del siglo XIX y principios del XX. (5) ....

2

14:55	**El tren más famoso del mundo** El Venecia-Simplon Orient Express es considerado como el tren más lujoso y romántico del mundo. (6) ....
15:45	**Saber y ganar** El concurso, presentado por Jordi Hurtado, es el programa diario con más años de emisión de la televisión en España. Tres concursantes se enfrentan en conocimientos culturales y agilidad mental. (7) ....
16:20	**Cuentos de Zambia.** El desierto de Zambia es el hogar de algunas de las especies más exóticas del mundo. (8) ....

telefe siempre juntos — Argentina — Grilla de hoy

9:00	**Morfi, todos a la mesa** Presentado por Gerardo Rozín y un plantel de chefs, como Santiago Gorgini, Chantal Abad y Rodrigo Cascón. (9) ....
12:00	**Telefe Noticias** Noticiero del mediodía presentado por Érica Fontana y Adrián Puente. (10) ....
13:00	**¿En qué mano está?** Presentado por Chino Leunis, preparate para jugar, divertirte y ganar premios maravillosos. (11) ....
15:00	**Mi último deseo** Capítulo 22. Cuenta la historia de Lale, que tras sentir unos inusuales mareos recibe la noticia de una enfermedad. Su vida y la de su familia será distinta a partir de ese momento. (12) ....
16:00	**El secreto de Feriha** Capítulo 103. Feriha miente sobre su vida y afirma ser una joven millonaria, quedando atrapada entre sus propias mentiras. (13) ....
17:30	**Cortá por Lozano** Un magacín con toda la actualidad y el espectáculo. Verónica Lozano regresa a Telefe con su particular estilo para analizar los temas del día, junto a un panel de reconocidos especialistas. (14) ....

Fuentes: www.telefe.com/horarios
http://www.rtve.es/tve/parrilla/parrilla_television.shtml

5. Mirad en Internet el resto de la programación de las cadenas de la actividad anterior y responded a las preguntas.

a. ¿A qué hora son los informativos en los países hispanos? ¿Y en el vuestro?

b. ¿A qué hora son las series y las telenovelas? ¿Existen estos tipos de programas en las cadenas televisivas de tu país?

c. ¿Qué otro tipo de programas emiten principalmente las cadenas hispanas y en qué horarios? ¿Es igual en tu país?

6. Fíjate de nuevo en las programaciones de la actividad 4 y escribe una posible programación de tu país.

Aló

UNIDAD 27

1. Relaciona los diferentes aparatos de telefonía con su imagen correspondiente.

1. ◯ teléfono móvil o celular
2. ◯ teléfono inalámbrico o manos libres
3. ◯ teléfono inteligente o *smartphone*
4. ◯ teléfono fijo

a 
b 
c 
d 

2. [27] Observa a las personas de las imágenes y, con tu compañero, comenta las posibles respuestas. Después, escucha y completa.

	Conversación 1	Conversación 2	Conversación 3
a. ¿Qué relación puede haber entre ellas?			
b. ¿Cuál puede ser el motivo de la llamada?			

1 
2 
3 

2.1. [27] Escucha de nuevo y responde.

Conversación 1. ¿A quién prefiere no dar esta noticia por teléfono?

....

Conversación 2. ¿Qué le ha dicho Joaquín a Sonia?

....

Conversación 3. ¿Cuál es la proposición de la mujer?

....

3. Relaciona las siguientes empresas de telefonía con su país correspondiente. Usa Internet si lo necesitas.

1. ◯ Chile
2. ◯ Cuba
3. ◯ Paraguay
4. ◯ Venezuela
5. ◯ Uruguay
6. ◯ España
7. ◯ Argentina

a. ETECSA
b. cantv
c. Telefónica
d. TELECOM
e. COPACO S.A.
f. entel
g. antel

3.1. ¿Qué compañías de teléfono hay en tu país? ¿A cuál estás tú abonado?

4. Lee el siguiente artículo y selecciona el título más adecuado.

a ◯ EL USO DE LOS *SMARTPHONES* SE DUPLICA EN LOS ÚLTIMOS CINCO AÑOS

b ◯ ¿CUÁL ES PERFIL DE LOS ESPAÑOLES QUE USAN *SMARTPHONES*?

Noticias

www.noticias.es

- PORTADA
- Nacional
- Internacional
- Economía
- Deportes
- Tecnología
- Cultura
- Foro

En 2012, solo un 41 por ciento de la población española tenía un *smartphone*. Cinco años más tarde, según el informe Google Consumer Barometer Report, este dato se ha doblado.

En la actualidad, el 81 por ciento de españoles utiliza un *smartphone*, lo que representa un gran aumento en la propiedad de este tipo de dispositivos, tal y como ha demostrado el estudio en el que se han entrevistado a más de 625 000 personas de todo el mundo con el objetivo de conocer sus hábitos en Internet.

El informe determina que los cambios en los hábitos relacionados con los medios de comunicación y la vida diaria, como por ejemplo las redes sociales, han sido fundamentales en este aumento de cifras.

En lo que respecta al número de usuarios de teléfonos inteligentes que afirman acceder a Internet a través de este dispositivo, Google afirma que también ha aumentado considerablemente entre los españoles.

Por lo que respecta a los jóvenes, el informe indica que los menores de 25 años acceden a Internet a diario a través de sus móviles también para realizar compras o ver vídeos, entre otros.

El estudio también revela que los usuarios de *smartphone* en España lo utilizan asiduamente para realizar tareas cotidianas como ver la hora y utilizarlo como despertador.

Adaptado de http://cadenaser.com/ser/2017/02/28/ciencia/1488281552_888684.html

4.1. Vuelve a leer y contesta a las preguntas.

a. ¿Cuál es la finalidad del estudio de Google? ....

b. ¿Cuál es el principal motivo del aumento del uso del *smartphone*? ....

c. ¿Para qué usan principalmente Internet los jóvenes? ....

d. ¿Para qué otros usos del día a día usan el móvil los españoles? ....

5. Contesta a las siguientes preguntas y comenta tus respuestas con tu pareja.

a. ¿Qué tipo de teléfono tienes?

b. ¿Cuánto tiempo lo utilizas al día?

c. ¿Para cuáles de las siguientes funciones lo usas?

◯ recibir o realizar llamadas
◯ usar el correo electrónico
◯ buscar información por Internet
◯ participar en redes sociales
◯ enviar mensajes de texto
◯ enviar mensajes instantáneos (WhatsApp)
◯ usar la agenda
◯ usar la calculadora
◯ usar el geolocalizador
◯ hacer fotos
◯ jugar
◯ usar la alarma o el reloj
◯ escuchar música

6. Vamos a realizar un estudio sobre los hábitos de la clase a la hora de usar los teléfonos móviles. Juntaos con otra pareja y poned en común las respuestas de la actividad anterior. Después, escribid un texto con toda la información.

¿Qué me pongo?

UNIDAD 28

1. ¿Te gusta ir de compras? Comentadlo en parejas.

2. (28) Escucha la conversación entre Ana y Roberto y escribe en qué orden mencionan las siguientes prendas de vestir.

Avance de temporada

Y si hace frío...

2.1. En parejas, clasificad las prendas en el grupo correspondiente: ropa (R), ropa interior (RI), calzado (CA) o complementos (C).

◯ cazadora	◯ sujetador/sostén/brasier	◯ corbata	◯ pañuelo/fular	◯ gorro
◯ camisa	◯ pendientes/aros/aretes	◯ cinturón	◯ pantis/medias	◯ bufanda
◯ vaqueros	◯ calzoncillos/slip/boxer	◯ pantalón	◯ calcetines	◯ zapatos
◯ bolso	◯ tacones/zapatos de tacón	◯ pulseras	◯ camiseta/polera	◯ vestido
◯ collar	◯ zapatillas de deporte/tenis	◯ falda	◯ bragas/calzón(es)	◯ jersey

2.2. ¿Ropa de hombre o de mujer? En parejas, discutid qué prendas son de mujer, de hombre o de ambos sexos.

Para ella	Para ambos	Para él

3. Observa la tabla comparativa de tallas de ropa por países y complétala con la información de tu país.

PAÍS	XXS	XS	S	M	L	XL	XXL
México	1	3	5	7	9	11	13
España	34	36	38	40	42	44	46
Italia	38	40	42	44	46	48	50
Reino Unido	6	8	10	12	14	16	18
Estados Unidos	0	2	4	6	8	10	12
Francia	34	36	38	40	42	44	46
Rusia	40	42	44	46	48	50	52
Mi país							

3.1. Vuelve a mirar la tabla de la actividad anterior y contesta a las preguntas.

a. ¿Cuántos sistemas de tallaje diferentes aparecen en la tabla? ....

b. ¿Qué países usan el mismo sistema de tallaje? ....

c. ¿Hay algún país de la tabla que usa las mismas tallas que tu país? ....

4. ¿Qué número calzas en el mundo hispano? Haz la prueba: coge una regla o un metro, mídete el pie y busca la equivalencia en el cuadro. Después, comentadlo en parejas.

Centímetros	Talla hispana
23,6	37
24,3	38
25	39
25,6	40
26,3	41
27	42
27,6	43

- ¿Cuánto mide tu pie?
- Mi pie mide ...., así que llevo el número ....

5. Zara es una de las marcas de ropa hispana más conocida internacionalmente. ¿La conoces tú? ¿Existe en tu país? Para saber algo más sobre este fabricante, buscad en parejas la siguiente información en su página web. ¿Qué pareja ha sido más rápida?

ZARA
www.zara.com/es

a. ¿En qué año se crea la marca Zara? ....

b. ¿A qué grupo de distribución de moda pertenece Zara? ....

c. En cuántos continentes hay tiendas de esta marca? ....

d. ¿Para quién diseña ropa Zara? ....

e. ¿Qué otras marcas pertenecen al mismo grupo? ¿Las conoces? ....

5.1. Visita el catálogo de Zara en España y escribe las diferencias y semejanzas entre la forma de vestir de los españoles y la de la gente de tu país.

Tiempos de libertad

UNIDAD 29

1. Observad las imágenes. ¿Qué creéis que tienen en común? ¿Qué actividad corresponde a cada una? Escribidlo en parejas.

a 

b 

c 

d 

e 

f 

g 

h 

i 

j 

k 

l 

m 

2. 29 **Escucha cómo pasan los españoles su tiempo libre y contesta si las afirmaciones son verdaderas (V) o falsas (F). Si son falsas, corrige la información.**

a. Los españoles prefieren pasar su tiempo libre viajando con familiares o amigos. ...... (V) (F)

b. El tiempo libre para los españoles consiste principalmente en salir a divertirse. ...... (V) (F)

c. Las actividades preferidas por los españoles son las que realizan en compañía de otros. ...... (V) (F)

d. Los españoles dedican gran parte de su tiempo libre a actividades relacionadas con la formación personal. ...... (V) (F)

e. El estudio desmonta tópicos sobre la relación entre los españoles y el tiempo libre. ...... (V) (F)

2.1. 29 **Vuelve a escuchar y marca en la actividad 1 a qué actividades de ocio se hace referencia directa o indirectamente. Después, comentadlo en parejas.**

3. **Relaciona las actividades de las dos columnas según su signficado.**

1. salir al campo	a. descansar
2. practicar taichí	b. ir al teatro
3. salir por la noche	c. ir de excursión
4. echarse la siesta	d. tomar algo
5. coser	e. practicar deporte
6. ver un espectáculo	f. hacer labores
7. hacer gimnasia	g. hacer yoga

4. Los siguientes anuncios ofrecen diferentes alternativas de ocio. Elige la opción más adecuada para cada comentario escribiendo su letra al lado.

1. ◯ Quiero hacer algo de ejercicio. El problema es que no me gustan los deportes ni estar metido dentro de un gimnasio.
2. ◯ Ahora que tengo las tardes libres quiero estudiar algo.
3. ◯ ¡Qué semana más dura! Tantas horas sentada en la oficina… Necesito moverme y divertirme.
4. ◯ Siempre me han gustado las manualidades.
5. ◯ Me apetece salir de la ciudad, desconectar el fin de semana y respirar aire puro.
6. ◯ Necesito hacer algo de deporte, el problema es tengo que cuidar a los niños cuando salgo del trabajo.
7. ◯ Me apetece hacer algo cultural este fin de semana. No sé, una exposición, un espectáculo…
8. ◯ Quiero practicar alguna actividad para relajarme y estar más en forma.

a

IDEAS BRILLANTES

Ofrecemos cursos de todo tipo: cómo instalar el parqué en casa, levantar un tabique, instalar una cocina o pintar las paredes con efectos.

Visítanos en:
Calle Bonilla, 345 -28028- Madrid

b

El jardín de los cerezos o La fugacidad del tiempo

ANDAMIO '90
Paraná 660 (ver mapa).
Capital Federal – Buenos Aires – Argentina
Teléfonos: 4373-5670
Web: http://www.andamio90.org
Entrada: $ 50,00/$ 30,00 Sábado - 22:30
Dirección: Alfredo Martín.

c

Escuela Mandala

Elige el estilo de yoga que va con tu personalidad.
Juan Fanning 325, Miraflores
(Alt cdra. II de la Av. Larco).
Cel: 995 962 239/975 072 905
(llamar de lunes a viernes de 9 am a 6 pm).

d

NUMEN SCHOOL

¡HABLA INGLÉS DE UNA VEZ!

Clases comunicativas para alumnos de todos los niveles. Miércoles 17:00-19:00
Av. Gregorio Escobedo, 803, Lima.

e

Excursiones Nicaragua

Laguna de Apoyo (Nicaragua)
13,59 kilómetros
Nivel moderado
Granada (Nicaragua)
¡Llama ahora!

f

Discoteca **Traffic La Paz** presenta

VIVA LA SALSA

Fiesta con la participación de diferentes agrupaciones nacionales.
1 de octubre a las 20:00 Billete: 25 bolivianos.
La Paz

g

No Limit Chile

Cursos de tenis para adultos y niños.

Ven a pasarlo bien cada día al mismo tiempo que te pones en forma.

Consulta precios en:
www.nolimit.cl

h

CAMPING BRISAS DEL MAR

Una hostería del **Paraguay** que le hace descubrir el significado de naturaleza al alcance de todos.
Con 250 m de playa limpia

5. Habla con tus compañeros y contesta a las preguntas.

a. ¿Cómo se divierte la gente en tu país? ¿Se parece a la forma de divertirse de los españoles?

b. ¿Cómo te gusta divertirte a ti? De las actividades que has visto en la unidad, di cuáles te gusta más realizar y cuáles menos.

c. ¿Hay alguna actividad de ocio que te gusta realizar y que no aparece en el tema?

6. En parejas, pensad en una actividad de ocio interesante y cread un anuncio similar a los de la actividad 4.

Próxima parada

UNIDAD 30

1. Observa la imagen y, con tu compañero, escribe todas las palabras que relacionáis con ella. Tenéis un minuto. ¿Qué pareja ha conseguido escribir más palabras?

Palabras

1.1. ¿Sueles viajar cuando tienes vacaciones? ¿Qué medio de transporte utilizas con más frecuencia? ¿Por qué?

2. 30 Escucha diferentes mensajes que puedes oír cuando viajas en avión y relaciónalos con la imagen correspondiente.

◯ Mensaje 1
◯ Mensaje 2
◯ Mensaje 3

a

b

c

2.1. 30 Vuelve a escuchar los mensajes y di cuál es la intención de cada uno.

Mensaje 1
◯ **a.** Informar sobre el vuelo.
◯ **b.** Dar las instrucciones de seguridad.

Mensaje 2
◯ **a.** Informar a los pasajeros de cuál es el vuelo con destino a Buenos Aires.
◯ **b.** Avisar a todos los pasajeros para el embarque.

Mensaje 3
◯ **a.** Recomendar las tiendas.
◯ **b.** Evitar robos.

3. Estas dos familias hispanas planean sus vacaciones de maneras diferentes. ¿Cuál de las dos preferís vosotros?

4. Estos son los billetes que han comprado las familias de la actividad anterior. Lee la información que aparece en ellos y di a qué opción corresponde cada afirmación.

IBERIA

DETALLES DE VUELO

IDA - jueves, 4 de agosto de 2017

Madrid › Asunción IB654
Salida 18:40 / Madrid , Adolfo Suarez - Barajas
Llegada 22:00 / Asunción, Silvio Pettirosi
[+] info

Asunción > Buenos Aires IB325
Salida 00:35, Dia 5 / Asunción, Silvio Pettirosi
Llegada 04:00 Dia 5 / Buenos Aires , Pistarini , Terminal A
[+] info

Duración 11h:36m
Tarifa Reducida

VUELTA - jueves, 31 de agosto de 2017

Buenos Aires › Asunción IB754
Salida 13:25 / Buenos Aires , Pistarini , Terminal A
Llegada 17:10 / Asunción, Silvio Pettirosi
[+] info

Asunción > Madrid IB512
Salida 19:05 / Asunción, Silvio Pettirosi
Llegada 18:30 Dia 1 / Madrid, Adolfo Suarez - Barajas
[+] info

Duración 11h:40m
Tarifa Reducida

	Avianca	Iberia
a. Es un billete de ida y vuelta/regreso.	◯	◯
b. Es un billete solo de ida.	◯	◯
c. Es un vuelo directo.	◯	◯
d. Es un vuelo con escala.	◯	◯
e. Uno de sus vuelos sale un día y llega al día siguiente.	◯	◯
f. Tiene el vuelo más largo.	◯	◯
g. Tiene el vuelo más corto.	◯	◯

Avianca

De Bogotá a La Habana

Trayecto 1
martes, 25 julio de 2017
Salida: 05:43 Bogotá, Colombia - Eldorado, terminal 1
Llegada: 07:43 San Salvador, El Salvador - Comalapa Internacional
Aerolínea: Avianca AV6832 — Operado por TACA INTERNATIONAL AIRLINES - TACA FOR T
Avión: Embraer 190
Clase: Econo/Turista con restricciones

Se requiere cambio de avión. Tiempo entre vuelos = 1:22.

Trayecto 2
martes, 25 julio de 2017
Salida: 09:05 San Salvador, El Salvador - Comalapa Internacional
Llegada: 13:15 La Habana, Cuba - Jose Marti Internacional, terminal 3
Aerolínea: Taca Intl Airlines TA250 — Operado por TACA INTERNATIONAL AIRLINES - TACA
Avión: Airbus Industrie A320-100/200
Clase: Econo/Turista con restricciones

5. Según la información anterior, completa los datos que faltan de la tarjeta de embarque del primer vuelo de Iberia. Después, contesta a las preguntas.

a. ¿A qué hora embarcan? ....

b. ¿En qué puerta? ....

c. ¿Cuál es el número de asiento? ....

6. Relacionad las siguientes aerolíneas con su país correspondiente. Si lo necesitáis, consultad Internet.

a Conviasa · b Avianca · c Aerolíneas Argentinas · d Iberia · e Mexicana

◯ España ◯ Colombia ◯ Venezuela ◯ México ◯ Argentina

7. En parejas, programad un viaje desde vuestro país hasta cualquier destino hispanohablante que os guste. Para ello, consultad en la página de alguna compañía aérea. Después, escribid todos los datos del billete tomando como ejemplo la actividad 4. ¿Cuánto os ha costado el vuelo?

CARMEN
MARTÍN GAITE
CAPERUCITA EN
MANHATTAN
Manuel Vázquez
Montalbán
Los mares del Sur
LAURA ESQUIVE
COMO AGUA
PARA CHOCOLA

¿Sabes...

1. el nombre de algunos lugares o monumentos representativos de capitales hispanohablantes? ¿Los has visitado?
2. el nombre de alguna fiesta popular de algún país hispanohablante?
3. cómo se celebra esta fiesta?
4. qué actividades al aire libre son más populares entre los hispanohablantes?
5. el nombre de algún o alguna deportista de origen español?
6. el nombre de algún o alguna deportista de América Latina?
7. qué deportes son los más populares en los países de habla hispana?
8. el título de alguna película española?
9. el título de alguna película de algún país de América Latina?
10. el nombre de algún actor o alguna actriz hispanohablante?
11. el nombre de algún escritor o alguna escritora de España?
12. el nombre de algún escritor o escritora de Hispanoamérica?
13. el título de algún libro escrito en español?
14. algún género musical propio de algún país de habla hispana?
15. El nombre de cantantes españoles o de Latinoamérica? ¿Y el título de alguna canción?
16. algún baile típico de España? ¿Y de algún país de América Latina?
17. algún pintor o alguna pintora hispanohablante y alguna de sus obras?
18. el nombre de arquitectos hispanohablantes y de algunas de sus obras?

El viaje de Ana

1. Ana se va de viaje. Observad las imágenes de los lugares que va a visitar. ¿Los conocéis? Escribid debajo de cada imagen la ciudad en la que creéis que se encuentra.

D.F., México | La Habana, Cuba | Buenos Aires, Argentina | Bogotá, Colombia | Madrid España

Me voy de viaje a recorrer ciudades hispanas. ¿Me acompañas?

a 

....

b 

....

c 

....

d 

....

e 

....

1.1. ¿Conoces el significado de estas palabras? Relaciona con la imagen correspondiente en la actividad 1. Si lo necesitas, puedes usar el diccionario.

1. cerro | 2. fuente | 3. avenida | 4. plaza | 5. paseo

2. Lee el itinerario del viaje de Ana que ha escrito en su blog y escribe las palabras anteriores en su lugar correspondiente. Escribe también las ciudades correspondientes a cada parada.

Ana viaja - Blog

anaviaja.blog.es

Primera parada: ....

La **(1)** .... de Cibeles, más conocida como "La Cibeles", está en el centro de la ciudad, exactamente en el cruce de la calle Alcalá con el paseo del Prado y el paseo de Recoletos. Representa a la diosa Cibeles, símbolo de la Tierra, la agricultura y la fecundidad, sobre un carro tirado por leones. En esta **(2)** .... los aficionados del Real Madrid Club de Fútbol celebran las victorias de su equipo.

Segunda parada: ....

El Malecón es el **(3)** .... marítimo de la ciudad. Consiste en una amplia avenida de 8 km que se extiende sobre toda la costa norte de la ciudad. Para muchos, el sitio es considerado un reflejo de la vida de sus habitantes: sus amores, juegos, tristezas, encuentros… Es un sitio de obligada referencia para los turistas que apuestan por este destino turístico para su descanso y diversión.

Tercera parada: ....

La **(4)** .... de la Constitución, o también llamada Zócalo, es la **(5)** .... principal de la ciudad. Está en el centro histórico, rodeada por la Catedral Metropolitana, el Palacio Nacional y por edificios comerciales, administrativos y hoteles. En una de sus esquinas se encuentra el Museo del Templo Mayor.

Cuarta parada: ....

El **(6)** .... de Monserrate es el más conocido de los **(7)** .... de esta ciudad y es su símbolo por excelencia. Localizado a 3.152 m de altura sobre el nivel del mar, se encuentra en su cima el Santuario del Señor Caído, rodeado de vegetación y desde donde se aprecia el mejor paisaje de la capital. Es un atractivo natural, religioso y gastronómico de la ciudad.

Quinta parada: ....

La **(8)** .... Corrientes es el eje de la vida nocturna de esta ciudad, original lugar del tango porteño. Se trata de 8,6 km de avenida que ofrece diferentes actividades. Hay edificios financieros y zonas comerciales, pero la esencia de Corrientes es sin duda la diversión que ofrece: sus espectáculos artísticos, culturales, con librerías de ofertas, confiterías, pizzerías…

Fuentes: www.dtcuba.com, www.cerromonserrate.com y www.wikipedia.org.

2.1. **Completa las frases según la información del texto.**

a. El .... celebra sus triunfos en La Cibeles.

b. El Malecón representa la vida de la .... de la ciudad y está junto al ....

c. En una esquina del Zócalo puedes visitar un ....

d. En el cerro de Montserrate, el Santuario está rodeado de mucha ....

e. En la avenida Corrientes, podemos ir a ver algún ...., comer una .... y comprar algún .... muy barato.

3. **Consulta en Internet dónde se encuentran los lugares que ha visitado Ana y ordena las imágenes según el itinerario que ha seguido en la actividad 2. Después, escribe la ciudad y el país correspondiente a cada imagen.**

a ( )

....

b ( )

....

c (*1*)

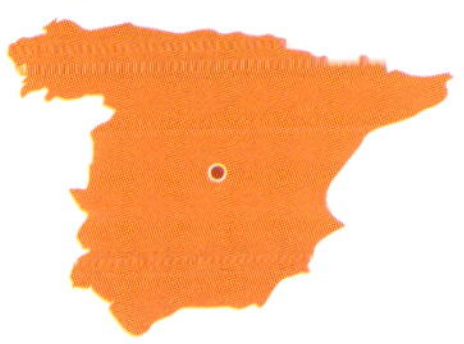

Madrid, España

d ( )

....

e ( )

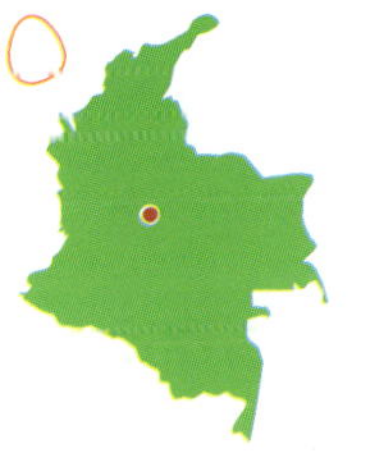

....

3.1. **Ve a las páginas 10-11 y traza en el mapa el itinerario del viaje de Ana.**

4. 31 **Escucha los comentarios de Ana en los vídeos de su cámara y escribe en qué ciudad se encuentra en cada caso.**

1	2	3	4	5

5. **¿Existen lugares o monumentos parecidos a los que ha visto Ana en tu país? ¿Cuáles son los atractivos turísticos más famosos de tu ciudad? Coméntalo con tu pareja.**

6. **Ana quiere visitar tu ciudad. Elige un lugar imprescindible que visitar y escribe un breve texto sobre él siguiendo los ejemplos de la actividad 2.**

Festipedia

UNIDAD 32

1. En parejas, responded a las siguientes preguntas. Si lo necesitáis, podéis usar Internet.

a. ¿Sabéis qué es Wikipedia?

b. ¿A partir de qué dos palabras combinadas se forma esta palabra?

c. ¿Qué crees que puede significar Festipedia?

2. Leed lo que dice la portada de la Festipedia. ¿Qué fiestas pensáis que son originarias de algún país de habla hispana. ¿Sabéis en qué países se celebran todas las fiestas?

Festipedia

http://es.festipedia.org

FESTIPEDIA La enciclopedia sobre fiestas que cualquiera puede editar.

Portada > fiestas tradicionales

- Portal de la comunidad
- Actualidad
- Cambios recientes
- Páginas nuevas
- Página aleatoria
- Ayuda
- Donaciones

FERIA DE ABRIL Durante el mes de abril se celebra en Sevilla la Feria, muy famosa en... Leer más

DÍA DE SAN PATRICIO El 17 de marzo es un día muy especial para todos los... Leer más

DÍA DE MUERTOS Podcast. Escuchar

DÍA DE ACCIÓN DE GRACIAS Festividad que se celebra con un gran banquete en una reunión familiar... Leer más

DÍA DEL PALO VOLADOR Podcast. Escuchar

3. Lee en la *wiki* el texto sobre la primera de las fiestas e indica en qué imagen aparecen las palabras resaltadas en negrita. Fíjate en el ejemplo.

Festipedia

http://es.festipedia.org/feriadeabril

FESTIPEDIA La enciclopedia sobre fiestas que cualquiera puede editar.

Portada > fiestas tradicionales > FERIA DE ABRIL

- Portal de la comunidad
- Actualidad
- Cambios recientes
- Páginas nuevas
- Página aleatoria
- Ayuda

En Sevilla, durante el mes de abril, se celebra la Feria de Abril. El origen de esta fiesta se remonta al siglo XIX y era la celebración de una feria para vender ganado. Actualmente, la feria consiste en instalar (1) **casetas** decoradas y (2) **atracciones** en un espacio iluminado con miles de (3) **farolillos de colores**. Hombres y mujeres, vestidos con el (4) **traje de flamenco**, pasean por la feria en (5) **carros de caballos**. En las casetas se comen platos típicos, como (6) **jamón** o (7) **"pescaíto"**, y se bebe (8) **vino** mientras se bailan (9) **sevillanas**. Los que aguantan hasta la madrugada comen (10) **churros con chocolate** y los niños se divierten montándose en las atracciones.

a ....

b ....

c ....

d .... e *1* .... f .... g ....

4. 32 Escucha los *podcast* de Festipedia sobre otras dos fiestas hispanas e indica a cuál o cuáles de ellas corresponde cada afirmación.

Festipedia

http://es.festipedia.org

FESTIPEDIA La enciclopedia sobre fiestas que cualquiera puede editar.

Portada > fiestas tradicionales

DÍA DE MUERTOS Podcast. Escuchar ▶

DÍA DEL PALO VOLADOR Podcast. Escuchar ▶

	Día de Muertos	Día del Palo Volador
a. Su origen se basa en una historia mitológica.	○	○
b. Es la festividad que dura más tiempo.	○	○
c. Es una fiesta triste y alegre a la vez.	○	○
d. La festividad fusiona tradiciones de dos culturas.	○	○
e. Para la ocasión, la gente se viste de una forma especial.	○	○
f. La fiesta está reconocida por un organismo internacional.	○	○

4.1. Según la audición, decidid a qué fiesta corresponde cada imagen y escribid la palabra o palabras que representan. Si lo necesitáis, podéis volver a escuchar.

	a	b	c	d	e	f
Fiesta						
Palabras						

5. ¿Qué fiesta de la unidad te parece más interesante? ¿Has estado en alguna? ¿Cuál te gustaría conocer? ¿Se celebra alguna fiesta similar en tu país? Habladlo en parejas.

6. Vas a participa en Festipedia. Escribe una entrada describiendo alguna fiesta popular en tu país siguiendo los ejemplos vistos.

Al fresco

UNIDAD 33

1. Observa las imágenes. ¿Qué están haciendo las personas que aparecen en ellas? ¿Qué diferencias encuentras entre las fotografías de la derecha y las de la izquierda?

1.1. Y a vosotros, ¿os gusta más realizar estas actividades como las personas de la derecha o como las de la izquierda? ¿Por qué?

2. Haz una lista de lo que sueles hacer en tu tiempo libre. Después, compárala con la de tu pareja. ¿Tenéis mucho en común?

2.1. En las siguientes imágenes aparecen actividades al aire libre. Obsérvalas y relaciónalas con las palabras del cuadro. ¿Hay alguna actividad que ya has mencionado en la actividad 2?

1. ◯ ir al campo
2. ◯ pasear
3. ◯ visitar parques naturales
4. ◯ hacer/ir a una fiesta
5. ◯ ir a la playa
6. ◯ hacer una barbacoa/ un asadero/un asado
7. ◯ comer en la terraza de un restaurante
8. ◯ visitar ruinas arqueológicas

3. 33 Escucha las conversaciones y escribe qué actividad al aire libre están realizando en cada caso.

1. ....
2. ....
3. ....
4. ....
5. ....
6. ....
7. ....
8. ....

3.1. Escucha de nuevo e indica si las afirmaciones son verdaderas (V) o falsas (F). Después, corrige la información falsa.

33

a. La carne está lista para comer. .... V F
b. La chica tiene claro lo que quiere beber. .... V F
c. El servicio del restaurante es muy bueno. .... V F
d. La mujer piensa que el paisaje es muy bonito. .... V F
e. Los turistas solo quieren fotografiar las ruinas. .... V F
f. La niña tiene pocas ganas de comer. .... V F
g. El niño quiere jugar en la calle. .... V F
h. La chica va a leer la revista después de bañarse. .... V F

4. Vas a leer un texto. Antes, realiza estas actividades con tu compañero.

- ¿Qué palabras te sugiere esta imagen?
- ¿Sobre qué piensas que va a tratar el texto?
- Relaciona cada palabra con su significado.

1. absorber	a. Transmitir algo a alguien.
2. despejarse	b. Atraer, captar.
3. contagiar	c. Relajarse, distraerse.

4.1. Lee el texto y comprueba tus respuestas en la actividad 4.

Pasar más tiempo al aire libre es bueno para la salud física y mental, varios estudios lo demuestran. Y no es necesario disponer de un día entero, a partir de los diez minutos en contacto con el exterior ya se empiezan a obtener beneficios. Realizar actividad física al aire libre nos permite absorber la energía del sol, lo que nos ayuda a despejarnos, a mejorar nuestra atención y a generar en nosotros un estado de ánimo positivo.

Además, con nuestra actitud optimista y enérgica contagiaremos a las personas de nuestro entorno, que comprobarán y compartirán nuestra alegría.

Para los que buscan una mayor actividad física al aire libre, el piragüismo, la bicicleta de montaña, la escalada o el submarinismo son prácticas cada vez más comunes como plan de fin de semana.

Ya lo sabes, organiza tu agenda diaria de manera tal que te permita pasar un tiempo al aire libre.

Adaptado de http://sermasfeliz.wordpress.com/pasa-tiempo-al-aire-libre/

4.2. Busca en el texto las actividades al aire correspondientes a las siguientes imágenes y escríbelas en el lugar adecuado.

a 
b 
c 
d 

....

5. Piensa en algunas actividades al aire libre que se pueden hacer en tu ciudad o país y escribe un texto para promocionarlas.

¡Gooool!

UNIDAD 34

1. ¿Haces ejercicio físico? ¿Con qué frecuencia? ¿Practicas algún deporte? ¿Cuál? ¿Hace mucho tiempo que lo practicas? Comentadlo en parejas.

2. Relaciona a estos personajes del mundo hispano con su deporte correspondiente.

a 

b 

c 

d 

e 

f 

g 

h 

1. ◯ béisbol | 2. ◯ tenis | 3. ◯ motociclismo | 4. ◯ fútbol | 5. ◯ patinaje artístico
6. ◯ natación | 7. ◯ golf | 8. ◯ baloncesto/básquetbol

2.1. Lee la ficha de los personajes anteriores y, por lo que conoces, escribe al lado de sus nombres la letra de la imagen correspondiente. Después, escribe sus profesiones.

◯ Lorena Ochoa	◯ Marc Márquez	◯ Javier Fernández	◯ Adrian Beltré
35 años Guadalajara, México Profesión:	24 años Cervera (Lérida), España Profesión:	25 años Madrid, España Profesión:	38 años Santo Domingo, República Dominicana Profesión: ....
◯ Rafael Nadal	**◯ Lionel Andrés Messi**	**◯ Mireia Belmonte**	**◯ Pau Gasol**
30 años Manacor (Islas Baleares), España Profesión:	29 años Rosario, Argentina Profesión:	26 años Badalona (Barcelona), España Profesión:	36 años Barcelona, España Profesión: ....

3. 34 Escucha la entrevista a un experto en deporte internacional y comprueba tus respuestas anteriores.

3.1. 34 Ahora, escucha de nuevo y completa la información.

a. .... son los deportes más populares en los países hispanos.

b. En las regiones del Caribe, el deporte más popular es ....

c. El fútbol es el deporte más popular en España, ...

d. El béisbol es el deporte más popular en países como ....

e. En .... y .... es tan popular el fútbol como el béisbol.

f. El puertorriqueño .... es una figura del fútbol internacional.

g. Maradona fue una estrella del fútbol ....

h. Lorena Ochoa está considerada la mejor .... de todos los tiempos.

i. .... ha sido campeona .... de natación.

3.2. ¿Cuáles son los deportes más populares en tu país? ¿Y los deportistas más famosos internacionalmente? Coméntalo con la clase.

4. Lee el texto y elige el título más apropiado. Después, compara con tu compañero y justifica tu respuesta.

○ **a.** El deporte como modo de vida ○ **b.** Complejos deportivos ○ **c.** Deportistas

DEPORTE EN LAS PALMAS DE GRAN CANARIA

El deporte está de moda. Una de las razones por las que cada vez más gente hace ejercicio es mejorar la salud y la estética; otra, simplemente, es la simple afición a practicar algún deporte como fútbol, pádel, tenis, baloncesto… Para ello, los canarios de la ciudad de Las Palmas utilizan las canchas, polideportivos y gimnasios ubicados en distintos puntos de la capital.

Así, **laspalmasgcdeportiva.es** es un proyecto del Ayuntamiento de Las Palmas de Gran Canaria que permite a los ciudadanos realizar actividades deportivas en diferentes zonas y a muy buen precio.

- Se ofrece aeróbic o *total training* en el gimnasio municipal de Escaleritas.
- Clases de tonificación en lugares como el polideportivo Juan Beltrán Sierra o el parque Juan Pablo II.
- En el centro cívico Suárez Naranjo se ofertan clases de bailes de salón y ritmos latinos.
- *Running* puede hacerse en el parque Romano. Te acompaña un instructor.
- Puedes hacer yoga en el local social San Francisco de Paula.
- También puedes practicar musculación en el polideportivo El Batán.
- Gimnasia suave para mayores en el polideportivo Tamaraceite.
- Para los amantes de la naturaleza, un programa de senderismo ofrece rutas y excursiones por nuestros parques y espacios naturales para diferentes niveles.

Fuente: http://www.laspalmasgcdeportiva.es

4.1. Observad las imágenes y, según la información del texto anterior, escribid el nombre del deporte correspondiente y la instalación en la que se puede practicar.

Deporte				
Lugar				

Deporte				
Lugar				

5. Escribe un texto para promocionar el deporte en tu ciudad. Explica qué deportes se pueden practicar y en qué lugares.

El séptimo arte

UNIDAD 35

1. Mirad a estas personas. ¿Qué tipo de película creéis que están viendo? ¿Dónde lo hacen?

1.1. ¿Qué tipo de películas sueles ver tú? ¿Vas al cine o prefieres verlas en casa? ¿Cuál es la última película que has visto en casa o en el cine? Comentadlo en parejas.

2. Lee la cartelera de Filmoteca.com. ¿Conoces alguna de las películas que aparecen? ¿Conoces a los directores o a los actores? Coméntalo con tu pareja.

Filmoteca.com

Cinenacional.com

TÍTULO Habanastation **AÑO** 2011
DURACIÓN 96 min. **PAÍS** Cuba
DIRECTOR Ian Padrón
REPARTO Ernesto Escalona, Andy Fornaris, Luis Alberto García, etc.
GÉNERO Drama. Comedia. Aventuras | Infancia
SINOPSIS Dos niños que estudian en la misma aula de una escuela de La Habana pasan juntos un 1.° de Mayo.

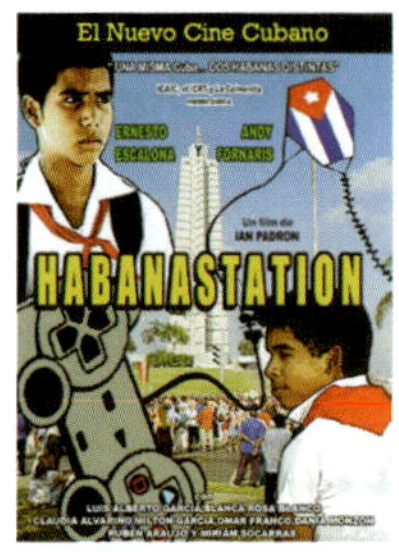

TÍTULO El secreto de sus ojos **AÑO** 2009
DURACIÓN 126 min. **PAÍS** Argentina
DIRECTOR Juan José Campanella
REPARTO Ricardo Darín, Soledad Villamil, Guillermo Francella, etc.
PREMIOS 2009: Óscar: mejor película de habla no inglesa.
2009: 2 premios Goya: actriz revelación (Villamil) y película hispanoamericana. 9 nominaciones.
GÉNERO Thriller. Drama | Años 70. Crimen. Dictadura argentina. Policiaco.
SINOPSIS Argentina, años 70. Benjamín Espósito es oficial de un Juzgado de Instrucción de Buenos Aires. Obsesionado por un brutal asesinato, del que fue testigo y protagonista, decide escribir una novela sobre el caso. Reviviendo el pasado, recuerda a una mujer, a quien ha amado durante todos esos años.

TÍTULO Amores Perros **AÑO** 2000
DURACIÓN 150 min. **PAÍS** México
DIRECTOR Alejandro González Iñárritu
REPARTO Emilio Echevarría, Gael García Bernal, Goya Toledo, etc.
PREMIOS 2000: Nominada al Óscar: mejor película de habla no inglesa.
2000: Nominada al Globo de Oro: mejor película de habla no inglesa.
2000: Cannes: Gran Premio Semana de la Crítica.
2000: 11 premios Ariel (de la Academia Mexicana de Cine).
GÉNERO Drama | Historias cruzadas.
SINOPSIS En Ciudad de México, un accidente automovilístico afecta trágicamente a tres personas. Octavio, un adolescente, se escapa con Susana, la esposa de su hermano; el Cofi, su perro, se convierte en el instrumento para conseguir el dinero que necesitan. Al mismo tiempo, Daniel, un hombre maduro, deja a su esposa y a sus hijos y se va a vivir con Valeria, una hermosa modelo.

Cinenacional.com

Cinenacional.com

TÍTULO El laberinto del fauno
AÑO 2006
DURACIÓN 112 min.
PAÍS España
DIRECTOR Guillermo del Toro
REPARTO Ivana Baquero, Sergi López, Maribel Verdú, Doug Jones, Ariadna Gil, Álex Angulo, etc.
PREMIOS 2006: 3 Óscar: mejor fotografía, dirección artística y maquillaje. 6 nominaciones.
2006: Globo de Oro: nominada a mejor película de habla no inglesa (México).
2006: 7 Goyas: incluyendo guion original y actriz revelación (Baquero).
2006: 3 BAFTA: mejor vestuario, maquillaje y película de habla no inglesa. 8 nominaciones.
2006: 9 premios Ariel incluyendo mejor película y director. 12 nominaciones. (…)
GÉNERO Fantástico. Thriller. Drama. Vida rural. Años 40. Monstruos. Eventos.
SINOPSIS Año 1944, posguerra española. Ofelia y su madre embarazada se trasladan a un pequeño pueblo al que han destinado a su nuevo padrastro, un cruel capitán del ejército franquista. La misión del capitán es acabar con los últimos miembros de la resistencia republicana escondidos en la zona. Una noche, Ofelia descubre las ruinas de un laberinto y allí se encuentra con un fauno, una extraña criatura que le hace una sorprendente revelación.

TÍTULO La estrategia del caracol
AÑO 1993
DURACIÓN 105 min.
PAÍS Colombia
DIRECTOR Sergio Cabrera
REPARTO Frank Ramírez, Fausto Cabrera, Florina Lemaitre, etc.
PREMIOS 1993: Seminci: Espiga de Oro: mejor película.
GÉNERO Comedia. Drama Social.
SINOPSIS Los vecinos de uno de los barrios más pobres de Bogotá luchan para evitar el derribo de la casa donde viven, que es propiedad de un millonario sin escrúpulos. Para conseguirlo, ponen en práctica una original estrategia.

Fuente: www.filmaffinity.com

2.1. Lee de nuevo y contesta a las preguntas.

a. ¿Cuál es la película más antigua? ....
b. ¿Cuál es la película más actual? ....
c. ¿Qué película ha obtenido más premios? ....
d. ¿Qué películas están protagonizadas por niños? ....
e. ¿En qué películas se cuentan varias historias al mismo tiempo? ....
f. ¿Qué película dura más? ....
g. ¿Qué películas han ganado un Oscar? ....
h. ¿En qué películas se habla de una injusticia social? ....

3. 35 Escucha las intervenciones y escribe al lado de cada una el título de la película de la que hablan.

1: .... 4: ....
2: .... 5: ....
3: ....

4. bla bla ¿Conoces o has visto otras películas hispanas? ¿Conoces a otros actores? ¿Qué opinas sobre el cine hispano? ¿Te gusta? ¿Es muy diferente al cine de tu país? Habla con tus compañeros.

5. Piensa en una película famosa de tu país y crea una ficha siguiendo los ejemplos de la actividad 2. Si lo necesitas, puedes usar Internet.

Cuéntame un cuento UNIDAD 36

1. Observad a estas personas. ¿Reconocéis a alguna? ¿Sabéis cuál es su profesión?

a 
b 
c 
d 
e 

1.1. Lee las fichas de los personajes anteriores y, en parejas, completadlas con la información que falta. Podéis consultar Internet.

a. ....
(1942) Chile
.... y miembro de la American Academy of Arts and Letters desde ....
Premio Nacional de Literatura en ....

b. ....
(1936) Perú/España
Escritor y político
.... de Literatura en 2010
Premio Cervantes en ....
Premio Príncipe de Asturias de las Letras en ....

c. ....
(............................. - 2002) España
Escritor y académico de la Real Academia Española
Premio Nobel de Literatura en 1989
Premio .... en 1995
Premio Príncipe de Asturias de las Letras en ....

d. ....
(1899 - ....) Guatemala
Escritor y diplomático
Premio Nobel de Literatura en ....

e. ....
(1927 - ....) ....
Escritor, periodista, editor y guionista
Premio Nobel de Literatura en 1982

2. Las siguientes obras pertenecen a los autores anteriores. Observa las portadas y lee los títulos. Después, y comenta con tu compañero cuál crees que puede ser el tema de cada libro.

a. Hombres de maíz	b. La colmena	c. Cien años de soledad	d. La casa de los espíritus	e. El sueño del celta
Audio:	Audio:	Audio:	Audio:	Audio: ....

2.1. 36 Escucha las siguientes sinopsis y escribe su número junto al título de la obra relacionada en la actividad anterior. ¿Coincide la información con vuestras hipótesis anteriores?

2.2. 36 Escucha de nuevo y relaciona cada tema con la obra correspondiente.

1. Un pueblo imaginario.	a. *Hombres de maíz*
2. La historia de una familia terrateniente.	b. *El sueño del celta*
3. Madrid en la posguerra.	c. *Cien años de soledad*
4. Creencias de la cultura maya.	d. *La casa de los espíritus*
5. Aventura de un hombre.	e. *La colmena*

2.3. ¿Conoces estas obras? ¿Has leído alguna obra o adaptación de algún escritor hispano? Coméntalo con tus compañeros.

3. En Lecturalia.com algunos lectores escriben sus opiniones sobre diferentes obras. Lee la información y responde a las preguntas.

Nuevo mensaje

simone_po@hotmail.com

Lecturalia — Lecturalia | Autores | Libros | Premios | eBooks | Blogs

La Colmena

Camilo José Cela

Año de publicación: 1951

Puntuación y comentarios

el mushka Excelente libro. Recomendable para todo aquel que quiera comenzar a leer algo del autor. Puntuación: 9

karendenys Reconozco que te da una visión realista de la vida en los años 50, pero para mí, la historia es muy espesa. De momento lo tengo en mi lista negra. Puntuación: 5

Cien años de soledad

Gabriel García Márquez

Año de publicación: 1967

Puntuación y comentarios

amaya pujana levy Este libro no me gusta nada. Muy pesado. No le encuentro ningún sentido a la historia. Mi opinión es que la novela no tiene ningún atractivo. Puntuación: 2,5

jardi Sin duda, la obra latinoamericana por excelencia. Llegas a sentirte por momentos como parte de la historia misma. Este libro es la biblia de los lectores enamorados de la lectura latinoamericana. Puntuación: 10

a. ¿Qué obra obtiene mayor puntuación? ....
b. ¿Qué obra se recomienda como primera lectura del escritor? ....
c. ¿Qué obra es difícil de seguir según un lector? ....
d. ¿Qué obra se dice que es un referente en el mundo de la literatura? ....
e. ¿Qué obra es más reciente? ....

3.1. Lee de nuevo los comentarios de Lecturalia.com y completa el siguiente cuadro con las expresiones subrayadas.

Valoraciones positivas	Valoraciones negativas

4. Elige una obra literaria de tu país y escribe una crítica como las de la actividad 3.

4.1. Con tus compañeros, comentad las críticas que habéis escrito en la actividad anterior. Si habéis leído las obras, ¿compartís la misma opinión?

Sonidos hispanos

UNIDAD 37

1. 37A Escucha y relaciona cada fragmento de audio con su instrumento correspondiente. Después, escribe su nombre al lado.

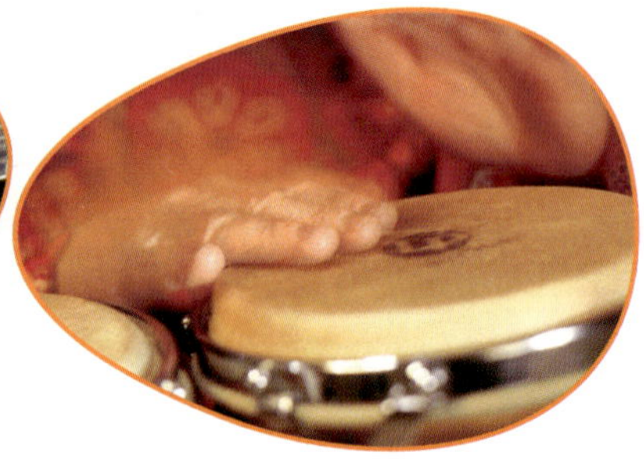

a ◯ .... b ◯ .... c ◯ ....

1.1. ¿Con qué tipo de música y países relacionas los instrumentos anteriores? Comentadlo en parejas y escribid vuestra respuesta.

a. ....

b. ....

c. ....

2. Observa los siguientes álbumes. ¿Conoces a estos artistas? ¿Sabes de qué país son? ¿En qué género musical los clasificarías? Habla con tus compañeros.

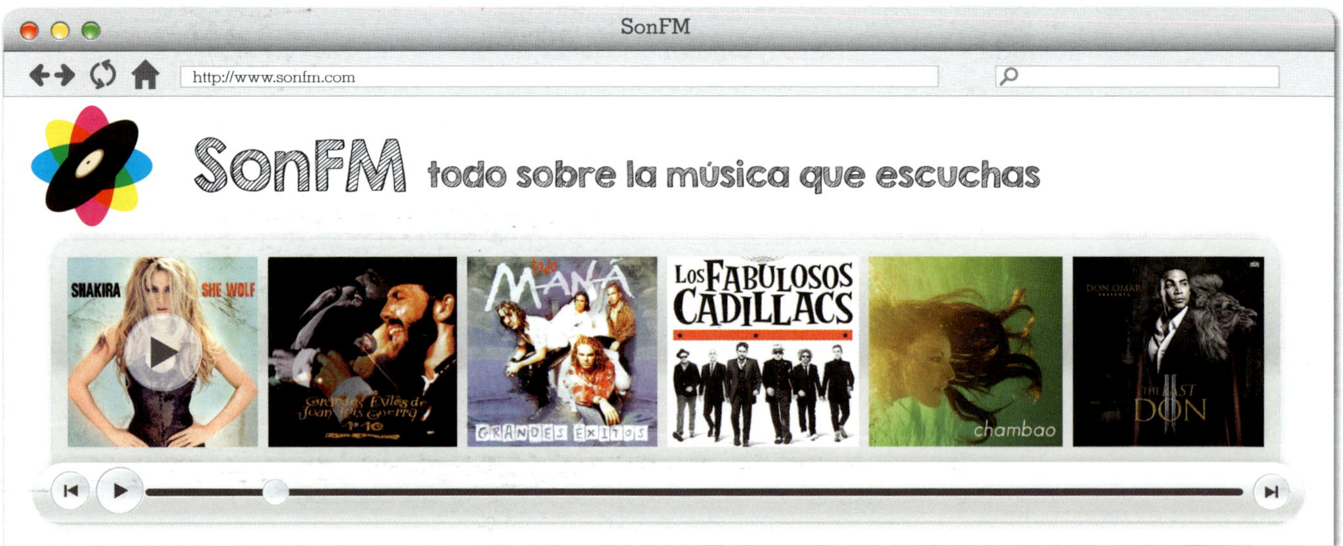

2.1. 37B Para comprobar tus respuestas anteriores, escucha el programa de radio Sonfm.com y completa las dos primeras columnas de la tabla. Después, localiza en Internet el resto de la información.

	Nombre del artista	País	Género musical
1.			
2.			
3.			
4.			
5.			
6.			

3. Los siguientes fragmentos pertenecen a canciones de los anteriores artistas. Leedlos y decidid cuál puede ser el título de cada canción y quién la interpreta.

SonFM

http://www.sonfm.com

SonFM todo sobre la música que escuchas

a. Título: ....

"...Me sube la bilirrubina
(¡ay!, me sube la bilirrubina)
cuando te miro y no me miras
(¡ay!, cuando te miro y no me miras),
y no lo quita la aspirina
(¡no!, ni un suero con penicilina),
es un amor que contamina
(¡ay! me sube la bilirrubina)...".

Intérprete ....

b. Título: ....

"... Contigo, mi vida,
quiero vivir la vida
y lo que me queda de vida
quiero vivir contigo.
Contigo, mi vida,
quiero vivir la vida
y lo que me queda de vida
quiero vivir contigo...".

Intérprete ....

c. Título: ....

"... Dile que bailando te conocí, cuéntale.
Dile que esta noche me quieres ver, cuéntale.
Cuéntale que beso mejor que él, cuéntale.
Dile que esta noche tu me va' a ver, cuéntale...".

Intérprete ....

d. Título: ....

"...Matador, matador,
matador te están buscando.
Matador, matador,
matador, te están matando.
Matador, oh yeah,
matador, matador,
¿a dónde vas matador?...".

Intérprete ....

e. Título: ....

"... Poquito a poco
entendiendo
que no vale la pena
andar por andar,
que es mejor caminar
pa´ ir creciendo...".

Intérprete ....

f. Título: ....

"...¿Dónde diablos jugarán
los pobres niños?
¡Ay, ay, ay!
¿En dónde jugarán?
Se está quemando el mundo,
ya no hay lugar.
La tierra está a punto
de partirse en dos...".

Intérprete ....

3.1. A partir de los versos de cada canción, búscalas en Internet, escúchalas y comprueba tu respuesta en la actividad 3. Después, decidid el género musical de cada una.

a. .... c. .... e. ....

b. .... d. .... f. ....

3.2. Por último, decidid qué canción refleja cada tema escribiendo su título al lado.

a. Quiero estar siempre a tu lado: ....
b. La destrucción del medioambiente: ....
c. Perseguido por la justicia: ....
d. El amor es una enfermedad: ....
e. Soy mejor que tu novio actual: ....
f. Tenemos que aprender y evolucionar en la vida: ....

4. ¿Te gusta la música hispana? ¿Es similar a la música de tu país? ¿Te gusta algún cantante o grupo latino en particular? ¿Cuál es la música más popular en tu país? ¿Y los cantantes o grupos musicales? Habla con tus compañeros.

5. Piensa en alguna canción que te gusta en tu lengua y escribe un fragmento traducido al español. Escribe también la información relacionada para subir a la red Sonfm.com.

Me paso el día bailando

UNIDAD 38

1. ¿Te gusta bailar? ¿Con qué frecuencia lo haces? ¿Cuándo y dónde sueles hacerlo? ¿Qué tipo de música te gusta bailar? Coméntalo con tus compañeros.

1.1. Estas imágenes representan bailes populares en los países hispanos. ¿Sabes de qué bailes se trata? ¿Con qué países los relacionas? Comentadlo en parejas.

2. Lee los siguientes textos y comprueba tus respuestas anteriores. Después, relaciona cada uno con su imagen correspondiente.

1 ◯ El tango es un género musical y danza tradicional de la región del Río de la Plata, principalmente de Buenos Aires (Argentina) y Montevideo (Uruguay). Nace a finales del siglo XIX de la fusión cultural entre la población indígena y otras culturas, principalmente africanas o de origen europeo.

En el baile, popular y sensual, una pareja abrazada entrelaza sus piernas; en las letras de sus canciones, que expresan principalmente emociones y tristezas de amor, utilizan un argot local llamado *lunfardo*.

En la actualidad, es un género musical valorado en todo el mundo y declarado, en 2009, Patrimonio Cultural Inmaterial de la Humanidad por la Unesco.

2 ◯ La salsa es un género musical nacido en Cuba que consiste en una síntesis de influencias musicales cubanas y otros elementos de música caribeña, música latinoamericana y *jazz*, en especial el *jazz* afrocubano.

Desarrollada por músicos de origen latino en el Caribe hispano y la ciudad de Nueva York, abarca varios estilos: venezolano, puertorriqueño, mambo, Nueva York, Los Ángeles...

Se trata de un baile en parejas, similar a los bailes de salón, donde la mujer pone su mano izquierda sobre el hombro del hombre y el hombre pone su mano derecha en la cadera de ella, dejando las otras manos libres en el aire.

3 ◯ La cumbia es un género musical y baile folclórico tradicional de Colombia con diferentes influencias culturales: la indígena, la negra africana y, en menor medida, la española, siendo el resultado del mestizaje durante las épocas de la Conquista y la Colonia.

Baile sensual de sencilla ejecución, algunas mujeres lo bailan con unas faldas enormes llamadas polleras. A partir de la década de 1940 la cumbia colombiana comercial o moderna se extiende al resto de América Latina, siguiendo diferentes adaptaciones como la cumbia venezolana, la mexicana, la salvadoreña, la chilena, la ecuatoriana, la peruana, la argentina y la uruguaya.

4 ◯ El flamenco es un estilo español de música y danza que se origina en Andalucía en el siglo XVIII, y que tiene como base la música y la danza andaluza. Existe polémica sobre su origen, aunque se asocia, por lo general, a la etnia gitana, siendo para ellos un signo de identidad. La tesis más extendida sobre su origen es que este género solo pudo darse en Andalucía por el mestizaje cultural (musulmanes, cristianos, judíos, gitanos, etc.).

En el flamenco, los "palos" son las diferentes variedades de cante, que van acompañadas por su correspondiente baile, caracterizado por ser muy sentido, y por el movimiento de las manos y el zapateado.

En 2010 la Unesco lo consideró Patrimonio Cultural Inmaterial de la Humanidad.

Fuente: wikipedia.org

2.1. Según la información que aparece en los textos anteriores, contesta a qué baile o bailes corresponde cada afirmación.

a. Nace por la mezcla de varias culturas: ....

b. Se baila en parejas: ....

c. Existen distintas variedades en diferentes países: ....

d. Se asocia a una raza concreta: ....

e. En sus canciones usa un lenguaje popular propio: ....

f. Está reconocido por un organismo internacional: ....

g. Para bailarlo se usa un tipo de ropa especial: ....

2.2. ¿Conoces estos bailes? ¿Bailas alguno? ¿Conoces algún cantante internacional que interprete este tipo de música?

3. 38 Las siguientes personas hablan de sus canciones favoritas en los diferentes estilos. Escúchalas y completa el cuadro.

1

2

3

4

	Canción	Intérprete	Estilo/Baile	País
1. María Beatriz				
2. Raúl Emilio				
3. Ana María				
4. Enrique				

3.1. Busca en Internet las canciones de la actividad anterior y escúchalas. ¿Las conocías ya? ¿Qué canción te ha gustado más? ¿Por qué? Coméntalo con tus compañeros.

4. ¿Existe algún baile popular en tu país? ¿Sabes bailarlo? Coméntalo con tus compañeros.

4.1. Escribe un texto sobre un baile típico de tu país o que conozcas siguiendo el ejemplo de la actividad 2. Puedes explicar sus orígenes, en qué consiste, cómo se baila o alguna canción característica o que te gusta mucho. También puedes acompañar el texto con imágenes.

4.2. Comparad vuestros textos de la actividad anterior. ¿Cuál os parece más completo o interesante? Después, podéis juntarlos todos y crear un mural para adornar la clase.

Pinta, pinta...

UNIDAD 39

1. ¿Conoces estas obras? ¿Qué sabes de ellas? ¿Las has visto alguna vez? Comentadlo en parejas.

a 

b 

c 

1.1. (39) Vas a escuchar tres descripciones, relaciona cada una con la imagen correspondiente de la actividad anterior. Después, escribe el título de cada obra.

1 ○ ....   2 ○ ....   3 ○ ....

1.2. Observad las imágenes y la información y, en parejas, intentad completar la tabla para saber más acerca de estas obras.

	Obra	Autor	Museo (ciudad)	Estilo	Año
a.					
b.					
c.					

Pablo Picasso, Málaga, España

Arte Latinoame-ricano

Harry Ransom Humanities Research Center, de la Universidad de Texas, EE.UU.

Frida Kahlo, Coyoacán, Ciudad de México

Barroco

1940

Cubismo

entre 1656 y 1657

Diego Velázquez, Sevilla, España

1907

Museo del Prado, Madrid, España

Museum of Modern Art, Nueva York, EE.UU.

2. En el siguiente blog llamado *Arte Universal* aparecen comentadas estas tres obras. Léelo, comprueba tus respuestas anteriores y, después, contesta a las preguntas.

Las Meninas (1656-1657) Velázquez, Barroco, Siglo de Oro

Las Meninas es la obra maestra del pintor barroco del Siglo de Oro español, Diego Velázquez. Es una pintura al óleo sobre tela, de 318 x 276 cm, y uno de los cuadros más analizados y comentados en el mundo del arte.

El tema central es el retrato de la infanta Margarita de Austria, en primer plano, rodeada por sus sirvientas, "las meninas". La infanta visita al pintor en su taller mientras este retrata a sus padres, el rey Felipe IV y su esposa Mariana de Austria, que aparecen reflejados en el espejo situado al fondo. También aparece el propio Velázquez trabajando.

La obra se encuentra actualmente en el museo del Prado.

Publicado por Alicia | 29 de abril de 2017 a las 11:22

Las Señoritas de Avignon (1907) Picasso, Cubismo

Las señoritas de Avignon es un cuadro del pintor español Pablo Picasso. Se trata de un óleo sobre lienzo de 243,9 x 233,7 cm.

La escena tiene lugar en el interior de un prostíbulo. De las cinco mujeres que aparecen en el cuadro, hay tres que tienen unas caras especiales, como con máscaras pintadas sobre estas. Los colores varían entre el rosa, el ocre, el azul y el blanco.

La obra pertenece a las vanguardias del siglo XX y su nuevo estilo no fue muy bien entendido por la gente de su época. Hoy está considerado un punto de partida en el arte moderno y se conserva en el Museo de Arte Moderno de Nueva York.

Publicado por Mario | 12 de junio de 2017 a las 15:15

Autorretrato con collar de espinas (1940) Frida Kahlo, Arte Latinoamericano

El *Autorretrato con collar de espinas* de Frida Kahlo, óleo sobre lienzo de 63,5 x 49,5 cm, pertenece a la colección de autorretratos de la artista, obras muy conocidas en la pintura universal, con un estilo mezcla de expresionismo y surrealismo, e inspirado en el arte popular de su país.

Lleva la corona de espinas de Cristo como un collar, presentándose como una mártir cristiana. Colgando del collar de espinas hay un colibrí muerto (que en la tradición folklórica mexicana representan buena suerte en amores). Sobre su hombro izquierdo hay un gato negro, símbolo de mala suerte y de la muerte. Sobre su hombro derecho hay un mono, símbolo del diablo. Alrededor de su pelo, las mariposas representan la resurrección.

Actualmente se encuentra en la colección de arte del Harry Ransom Humanities Research Center, de la Universidad de Texas, EE.UU.

Publicado por Graciela | 3 de marzo de 2017 a las 18:09

a. ¿Cuál es la obra más reciente? ....

b. ¿Qué obra es la de mayores dimensiones? ....

c. ¿Qué materiales han usado los artistas para crear las obras? ....

d. ¿En qué obra aparece el propio artista? ....

e. ¿Qué obra no fue bien recibida en su época? ....

f. ¿En qué obra aparecen personajes de la realeza? ....

2.1. bla bla ¿Has estado en alguno de estos museos? ¿Te gustan estas obras? ¿Conoces otras obras de estos pintores? ¿Conoces a otros pintores hispanos? Habla con tus compañeros.

3. Piensa en un artista famoso de tu país y en una de sus obras, y crea tu propia entrada de blog siguiendo el ejemplo de la actividad 2. Incluye los siguientes datos:

Imagen, título, autor, año de creación, estilo, lugar dónde se encuentra, descripción de la obra.

3.1. bla bla Por último, juntad todas las entradas de blog y compartid la información. ¿Cuál es la más completa? ¿Cuál os ha gustado más? ¿Compartís los mismos gustos artísticos?

Diseños

UNIDAD 40

1. ¿Conoces alguna de estas obras arquitectónicas? ¿Con qué ciudad las relacionas? Comentadlo en parejas.

D.F. Ciudad de México (México)

Barcelona (España)

a Torres de Satélite

b La Pedrera

c Casa Luis Barragán

d Sagrada Familia

e Parque Güell

f Fuente de los Amantes

1.1. 40 Estos son los creadores de las obras anteriores. ¿Los conoces? Escucha parte de un documental sobre arte y completa sus fichas.

a

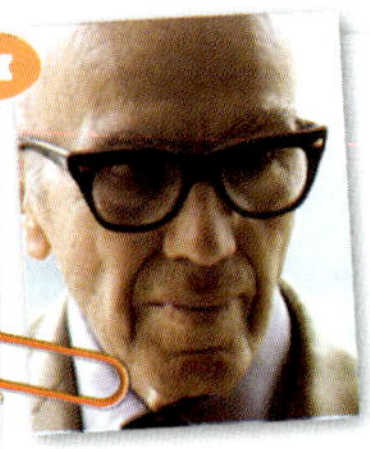

Nombre: ....

País: ....

Estilo: ....

Obras destacadas: ....

....

Localización de las obras: ....

....

b

Nombre: ....

País: ....

Estilo: ....

Obras destacadas: ....

....

Localización de las obras: ....

....

2. Los siguientes elementos aparecen en las obras de estos dos arquitectos. En parejas, relacionad cada uno con su definición correspondiente. Si lo necesitáis, usad el diccionario.

1. banco
2. dragón
3. salamandra
4. escalinata
5. serpiente
6. pórtico
7. corredor
8. muro
9. tragaluz
10. aparador

a. Mueble donde se guarda todo lo necesario para poner la mesa.
b. Escalera ancha que hay en la entrada de algunos edificios.
c. Ventana abierta en el techo o en la parte superior de una pared.
d. Asiento largo y estrecho donde se pueden sentar varias personas.
e. Espacio con arcos o columnas por el que se puede pasear.
f. Pared. Construcción vertical que se levanta para hacer una casa.
g. Reptil de cuerpo alargado y sin pies que se arrastra para desplazarse.
h. Animal imaginario de gran tamaño que echa fuego por la boca.
i. Animal similar a un lagarto con piel oscura y manchas amarillas.
j. Pasillo. Espacio largo y estrecho en una casa a la que dan ventanas o habitaciones.

2.1. Lee los siguientes blogs de viajes y relaciona las distintas partes del texto con su imagen correspondiente.

VISITA AL PARQUE GÜELL

La ruta de hoy ha sido de las mejores del viaje. Hemos estado en El Parque Güell: se trata de un parque público con jardines y con muchos elementos arquitectónicos integrados en la naturaleza. Está situado en la parte alta de Barcelona. Es una obra de principios de siglo XX del arquitecto Antoni Gaudí, máximo representante del modernismo catalán.

(1) Los edificios de la entrada son del más puro estilo de Gaudí. ¡Parecen casitas hechas de chocolate!

(2) Nada más entrar, encontramos la escalinata, donde se encuentra uno de los elementos más emblemáticos del parque: (3) el dragón o salamandra.

(4) Sobre la escalinata se sitúa la Sala Hipóstila o Sala de las Cien Columnas, con un precioso techo.

(5) Justo encima de la Sala de las Cien Columnas, está la parte central del parque, la plaza, con su característico banco ondulado que parece una serpiente, reflejo de la inspiración del autor en las formas orgánicas de la naturaleza.

(6) Durante el recorrido, encontramos un pórtico en forma de una gran ola sobre unas columnas inclinadas.

(7) Y ya en la parte superior, visitamos el monumento llamado El Calvario, con sus tres cruces, uno de los muchos elementos religiosos del parque. ¡Nos pareció precioso! Recomendamos totalmente esta visita.

Fuente: http://vanesayroberto.blogturismo.com/elparqueguell

LAS MARAVILLAS DE LA CASA GILARDI

Hoy visitamos la Casa Gilardi, una vivienda unifamiliar construida en 1976 por el arquitecto mexicano Luis Barragán Morfín para la familia Gilardi. Está considerada una de las principales obras de este arquitecto. Os sorprenderá saber que la característica principal de esta fascinante casa no es solo su arquitectura, sino los colores, las texturas y la forma en la que entra la luz en las diferentes partes de la casa. ¡Toda una arquitectura de sensaciones!

(8) Para mí, el espacio más bonito es un corredor iluminado por una luz amarilla que entra a través de cristales de color.

(9) El espacio central de la casa tiene una pequeña piscina, una mesa de comedor, sus sillas y un aparador, y un muro rojo entre el tragaluz y la piscina, creando así un espacio único entre lo sólido y lo líquido.

La visita es genial y la casa es tan linda…

Fuente: http://todosmisviajes.blogturismo.com/dia3

2.2. ¿Qué te parecen los recorridos por estas obras arquitectónicas? ¿Cuál te gustaría más hacer? ¿Por qué? Comentadlo en parejas.

3. Piensa en una obra arquitectónica famosa en tu ciudad y escribe tu propio blog de turismo siguiendo el ejemplo de la actividad 2.1. No olvides incluir la siguiente información:

Título de la obra, autor, fecha, lugar donde se encuentra y comentarios sobre la visita acompañados de fotografías.

3.1. Compartid vuestros blogs de viaje con el resto de compañeros. Después de leerlos todos, ¿cuál os parece más completo? ¿Cuál da información más interesante? ¿Cuál tiene las mejores fotos? ¿Qué visita os apetece más hacer?

¿Sabes...

1. el nombre de algún invento de origen español?
2. el nombre de algún invento de origen hispanoamericano?
3. algo sobre la historia de la Península Ibérica?
4. cuántos pueblos han vivido en ella?
5. de alguna cultura americana anterior a la llegada de los españoles?
6. algo sobre la historia de estas alturas?
7. el nombre de algún personaje histórico del mundo hispanohablante?
8. por qué fue importante y de qué país es referente histórico?
9. algún lugar o monumento histórico de interés cultural en España?
10. algún lugar o monumento de interés cultural en Hispanoamérica?
11. qué hechos sociales son referencia cultural para algunos países hispanohablantes?
12. algún rasgo propio de la forma de hablar de los hispanohablantes?
13. alguna costumbre o forma de comportarse típica de los españoles?
14. alguna costumbre de los habitantes de América Latina?
15. algún país hispanohablante en el que convivan diferentes culturas?
16. qué es la consciencia cultural?
17. de algún rasgo o característica común entre los países hispanohablantes?
18. de algún rasgo único de alguno de esos países?

Inventa

UNIDAD 41

1. Observa las imágenes. ¿Sabes qué son? ¿Para qué sirven? Coméntalo con tu pareja.

1.1. Las imágenes anteriores son inventos de España y Latinoamérica. Escucha y escribe al lado de cada una el orden en el que se menciona. (41)

1.2. Escucha de nuevo y completa el cuadro siguiendo los ejemplos. (41)

	Nombre: *es el/la...*	Descripción: *es...*	Utilidad: *sirve para...*
1.	*televisión en color*	*plana, rectangular y de muchos tamaños*	*entretenernos*
2.			
3.			
4.			
5.			
6.			
7.			

1.3. ¿Cuál crees que es el invento más interesante? ¿Y el más necesario? Coméntalo con tus compañeros.

2. Para saber más sobre estos inventos, lee los textos y complétalos con las palabras propuestas.

televisión | el Spanish Aerocar | el chupachups | fregona | fútbol | funicular | sus huellas digitales | submarino (2) | futbolín | el primer teleférico

a Entre 1957 y 1964 Manuel Jalón Corominas, natural de la Rioja, patenta dos modelos de **(1)** ...., lo que permitió en muchos hogares poder fregar el suelo sin necesidad de arrodillarse. Va siempre acompañada de un cubo donde se humedece y se escurre.

b En 1957 el barcelonés Enric Bernat tiene la idea de colocarle a un caramelo un palo, al ver que los niños se manchaban las manos al chuparlo. Así nace **(2)** ...., que se hizo tan popular que hoy en día lo encontramos en cualquier parte del mundo. Su característico logotipo fue diseñado por el mismo Salvador Dalí.

c En 1940 el mexicano Guillermo González Camarena, original de Guadalajara, inventa un sistema para transmitir **(3)** .... a color. Ya en los años 60 introduce mejoras de su patente lanzando el producto al mercado. El invento fue rápidamente difundido en varios países del mundo y actualmente todas las casas tienen una o varias.

d En 1936 el español Alejandro Campos Ramírez, conocido como Alejandro Finisterre por su lugar de origen, es herido durante la guerra civil española. En el hospital, durante su recuperación, conoce a otros niños heridos como él que no pueden jugar al **(4)** .... Es entonces cuando desarrolla la idea del **(5)** .... con muñecos de piernas separadas, inspirado en los juegos de mesa.

e En 1907 el cántabro Leonardo Torres Quevedo construye **(6)** .... apto para el transporte de personas. Tenía capacidad para 18 plazas y recorría 280 m en tres minutos y medio, con un desnivel de 28 m sobre el monte Ulía, en San Sebastián. Después construyó otros pero, sin duda, el más famoso fue **(7)** ....
Este **(8)** .... aéreo, construido entre 1914 y 1916, y con 580 m de longitud, une dos puntos diferentes de la orilla canadiense del río Niágara. Hoy en día sigue en funcionamiento y es un popular atractivo turístico.

f En 1887 Isaac Peral, científico, marino y militar español nacido en Cartagena, diseña y construye el primer **(9)** .... de guerra de la historia, conocido como el **(10)** .... Peral. Con motores eléctricos, sistema de navegación y periscopio, fue un avance científico y militar sin comparación para la época.

g En 1891 el antropólogo, policía e inventor croata Iván Vučetić, nacionalizado argentino con el nombre de Juan Vucetich Kovacevich, desarrolla y pone por primera vez en práctica el sistema dactiloscópico, que consiste en la identificación eficaz de las personas a través de **(11)** ....

2.1. Vuelve a leer y responde a las preguntas.

a. ¿Qué invento crees que es el más pequeño? .... ¿Y el más grande? ....
b. ¿Cuál es el invento más antiguo? .... ¿Y el más moderno? ....
c. ¿Cuál es el invento original que todavía sigue en uso? ....
d. ¿Qué creó Salvador Dalí? ....
e. ¿Qué inventos relacionas con el ocio? ....
f. ¿Qué inventos relacionas con el trabajo o las tareas diarias? ....

3. ¿Conoces inventos de tu país? ¿Conoces a sus inventores? Busca en Internet algunos ejemplos y completa el cuadro. Después, compara tu información con la de tus compañeros. ¿Conoces sus inventos?

	Invento	Ciudad y País	Fecha	Inventor
a.				
b.				
c.				

4. Escribe un breve texto sobre el mejor invento de la historia según tu opinión. No olvides incluir los siguientes datos:

Nombre, utilidad, año de invención, inventor, historia o anécdota, imagen.

4.1. Lee la descripción de tu invento al resto de tus compañeros sin decir de qué se trata. ¿Quién adivina más inventos a partir de la descripción?

Viaje en el tiempo

1. Observad las siguientes imágenes. ¿Reconocéis alguna? ¿Qué son? ¿Sabéis dónde están? ¿Con qué palabras las asociáis?

1.1. En parejas, relacionad las imágenes anteriores con sus nombres correspondientes. ¿Os sorprende que pertenezcan al mismo país? ¿Por qué?

- ◯ Teatro de Mérida, España.
- ◯ Dama de Elche, Alicante, España.
- ◯ Iglesia de San Juan de Baños, Palencia, España.
- ◯ Salón de Abderramán III de Medina Azahara, Córdoba, España.
- ◯ Catedral de Burgos, España.

2. Para conocer mejor la historia de la Península Ibérica lee los fragmentos, ordénalos cronológicamente y escribe el título y periodo correspondiente a cada uno.

España visigoda | Invasión árabe
Reinado de los Reyes Católicos
Hispania romana | Pueblos prerromanos
Reconquista

siglos III a.C. – IV d.C. | 1479
siglos VIII – XV | siglos IV – VIII
siglo III a.C.

a. ◯ ....

Periodo: ....

Con su llegada en el año 711 surge una nueva organización territorial llamada al-Ándalus, con capital en Córdoba y que permanece en la Península durante casi ocho siglos. Introducen una nueva religión, costumbres y estilos artísticos, y se convierten en el territorio europeo más próspero en los campos del saber como la ciencia, la medicina, el arte o la economía. Su patrimonio y su cultura serán de una gran importancia en la evolución histórica de la Península. Algunos ejemplos son La Alhambra de Granada, la Aljafería de Zaragoza, o la Torre del Oro y la Giralda, en Sevilla.

b. (1) *Pueblos prerromanos*

Periodo: *Siglo III a.C.*

Conocida como Iberia por los griegos y más tarde como Hispania por los romanos, la Península Ibérica, donde hoy se encuentra España, está habitada por multitud de pueblos: los primeros pobladores, los íberos, son de origen mediterráneo-oriental, y viven en el sur y el este de la Península; los celtas, llegados del norte de Europa, viven en el norte. En el centro y oeste, las culturas autóctonas se mezclan con los íberos y los celtas, dando lugar a los celtíberos. Muestras de su cultura en la Península son la Dama de Baza o las ruinas de la ciudad de Numancia, en Soria. Por otro lado, otros pueblos mediterráneos también tienen colonias en la Península, como los griegos, los fenicios y los cartagineses.

c. ◯ .... **Periodo:** ....

Los visigodos, en las montañas del norte, se organizan en reinos cristianos y comienzan a luchar contra los árabes con el fin de volver a conquistar la Península e imponer de nuevo la religión cristiana. Este largo periodo comienza en el año 722, con la batalla de Covadonga, y termina en 1492, con la victoria de los Reyes Católicos y la toma de Granada. De esta época son las catedrales de Zamora, Toledo o León, las Lonjas de Valencia, el Monasterio de Ripoll, etc.

d. ◯ ....

Periodo: ....

Los romanos llegan a la Península en el año 218 a.C. y permanecen en ella durante casi ocho siglos, hasta la invasión de los pueblos germánicos. Organizan Hispania en diferentes provincias administrativas: Lusitania, Baetica, Gallaecia, Tarraconensis y Carthaghinensis; introducen su lengua, sus leyes, su religión y costumbres, y construyen ciudades, carreteras, puentes, acueductos, teatros… Destacan, entre otros, el Puente de Alcántara, en Cáceres, o el Acueducto de Segovia.

e. ◯ .... **Periodo:** ....

En 1479, el matrimonio entre Fernando de Aragón e Isabel de Castilla representa la unidad territorial del Reino de Castilla y el Reino de Aragón. También se unieron las Islas Canarias y Cerdeña.

f. ◯ .... **Periodo:** ....

Con la entrada de los pueblos germanos en la Península, el Imperio romano entra en crisis. Se funda el reino Visigodo de Toledo, con el rey Leovigildo, y llegan a gobernar casi toda la Península. La invasión árabe en 711 los obliga a refugiarse en pequeños territorios en las montañas del norte. Muy influenciados por la cultura romana, adoptan la religión católica, mientras que el latín da paso lentamente a las lenguas romances. San Pedro de la Nave, en Zamora, o Santa Comba de Bande, en Orense, son algunos ejemplos visigodos.

2.1. **Según la información que acabas de leer, indica qué texto corresponde a cada mapa de la Península Ibérica y escribe el nombre de su periodo histórico. Después, compara con tu pareja.**

◯ ....

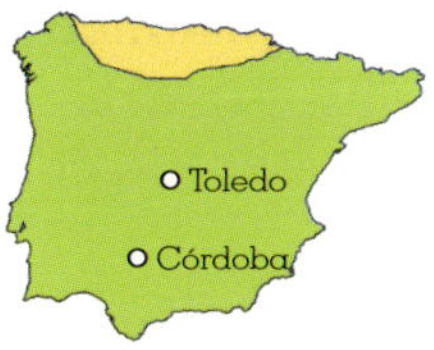

(e) *Reinado de los Reyes Católicos*

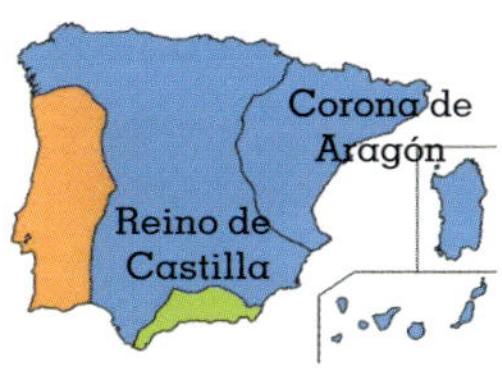

◯ ....

◯ ....

◯ ....

◯ ....

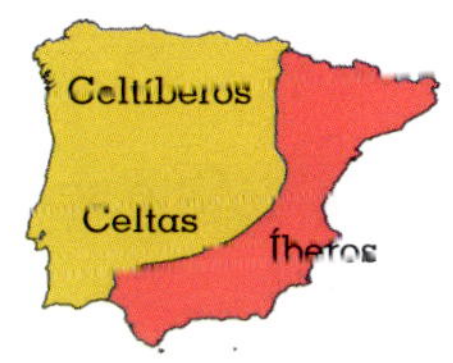

3. 42 ¿Recuerdas las imágenes de la actividad 1? ¿A qué época de España crees que pertenecen? Habladlo en parejas. Después, escuchad y completad la tabla.

	Evidencias históricas (monumento o escultura)	Época a la que pertenecen
1.		
2.		
3.		
4.		
5.		

3.1. 42 Completa las frases con la información que falta. Después, escucha de nuevo y comprueba.

a. Mérida era la capital de ....

b. La Dama de Elche es una obra perteneciente a la cultura ....

c. La Iglesia San Juan de Baños es del año ....

d. El Salón de Abd al-Rahman III es el símbolo de ....

e. La Catedral de Burgos es del siglo ....

4. bla bla ¿Existen evidencias históricas de diferentes civilizaciones o culturas en tu país? Compártelas con la clase.

Hispanoamérica precolombina

UNIDAD 43

1. Observad estas imágenes. ¿Las reconocéis? ¿Sabéis cuál es su nombre? ¿Con qué cultura las relacionaríais?

a

b

c

d

Ruinas de Machu Picchu · Muiscas/Chibchas · Pirámide de Kukulcán · Piedra del Sol · Mayas · Incas · Aztecas · Balsa Muisca, figura de la Leyenda de El Dorado

1.1. (43) Ahora escucha la audición y comprueba tus respuestas anteriores completando el cuadro.

	Nombre de la evidencia histórica	Cultura precolombina a la que pertenece
Imagen a		
Imagen b		
Imagen c		
Imagen d		

2. ¿Qué sabes sobre estas culturas? Coméntalo con tus compañeros.

3. En grupos de cuatro, lee la información que te corresponde. Si no entiendes alguna palabra, usa el diccionario.

Alumno A

Mayas

Inicio: llegan a México en el año 1600 a.C.

Lugar: habitan una extensa región de Centroamérica.

Características: distintas etnias. Constituyen ciudades-estado con leyes y gobierno propio, pero comparten religión, cultura y modos de vida. Cultivan principalmente el maíz. Son grandes astrónomos y matemáticos.

Lengua: lengua maya o yucateco. Tienen escritura.

Religión: varios dioses. El más conocido es el dios Kukulcán (serpiente emplumada).

Fin: XII d.C. El motivo de su desaparición es un misterio.

Evidencias históricas: edificios, templos, palacios y pirámides monumentales; textos y jeroglíficos; también un calendario que calcula el ciclo solar con más precisión que las culturas europeas.

Alumno B

Incas

Inicio: siglo XII.

Lugar: extenso territorio de los Andes. La capital, Cuzco, es considerada el centro del Universo.

Características: el emperador, llamado Inca, tiene el poder absoluto y es reconocido como el hijo del Sol. Cultivan el maíz y la papa, y obtienen lana y carne de las llamas, sus animales de trabajo.

Lengua: el quechua. No tienen escritura, utilizan sistema de quipus (cuerdas de colores con las que hacen nudos que tienen distintos significados).

Religión: varios dioses. El más conocido es Viracocha, considerado el creador de la vida sobre la Tierra.

Fin: con la llegada de los europeos, que los incas interpretan como el abandono de sus dioses.

Evidencias históricas: destacan sus edificios militares y religiosos.

Alumno C

Inicio: llegan al valle de México sobre el 1200 d.C.

Lugar: habitan la región de Centroamérica. Capital Tenochtitlán (actual Ciudad de México).

Características: pueblo conquistador, ofrecen sacrificios humanos a los dioses, son grandes comerciantes que usan las semillas de cacao como moneda.

Lengua: varias, la principal es el náhuatl. Tienen escritura.

Religión: varios dioses, el más conocido es Quetzalcóatl (inventor de la escritura y del calendario).

Fin: 1520 d.C. con la llegada de los colonizadores europeos.

Evidencias históricas: escritos, edificaciones, esculturas, etc.

Alumno D

Inicio: siglo VI a.C.

Lugar: cordillera oriental de los Andes colombianos.

Características: unidad política-administrativa organizada jerárquicamente en jefes principales, caciques, y capitanes mayores y menores.

Lengua: muysccubun, de la familia lingüística chibcha.

Religión: varios dioses. El más venerado es Sue (Sol). Sus ceremonias de ofrenda se relacionan con el mito de el Dorado (ciudad imaginaria donde todo es de oro).

Fin: 1542, con la llegada de los europeos, aunque tienen descendientes directos.

Evidencias históricas: esculturas y figuras de oro.

3.1. Cuenta a tus compañeros la información que has leído y escucha la que te cuentan ellos. Resolved, entre todos, las posibles dudas de vocabulario.

3.2. Según la información de los textos anteriores y el mapa que aparece a la derecha, escribe el nombre de la cultura correspondiente a cada color. Para comprobar tus respuestas, mira el mapa de la página 125.

a. Otras culturas indígenas
b. ....
c. ....
d. ....
e. ....
f. Culturas indígenas nómadas

3.3. Con la información de todos los textos, contesta a estas preguntas.

a. ¿Cuál es la cultura más antigua? ....
b. ¿Qué culturas tienen una lengua propia? ....
c. ¿Quiénes crean el calendario más exacto de los conocidos en todo el mundo? ....
d. ¿Cuál de las culturas no tiene escritura? ....
e. ¿Qué cultura desaparece antes de la llegada de los colonizadores? ....
f. ¿Qué cultura destaca por su actividad comercial y cómo la lleva a cabo? ....

4. ¿Conoces alguna cultura milenaria de tu país o continente? Completa la ficha siguiendo el ejemplo de la actividad 3 y localiza una imagen representativa de esta cultura.

Inicio, lugar, lengua, religión, fin, evidencias históricas.

4.1. Lee la información de tu ficha a tus compañeros sin decirles la cultura a la que pertenece, ¿la adivinan?

Historias

UNIDAD 44

1. En parejas, contestad a las siguientes preguntas.

a. ¿Conoces esta escultura?
b. ¿Sabes dónde se encuentra?
c. ¿Quién es?
d. ¿Qué señala su dedo?
e. ¿Sabes qué representa este personaje para la cultura hispana?

2. Relacionad las siguientes palabras con su definición. Podéis usar el diccionario.

1. rey ....
2. emir ....
3. gobernador ......
4. emperador ......
5. vasallo ....
6. noble ....

- **a.** Jefe superior de un país, provincia o zona.
- **b.** Príncipe o caudillo árabe.
- **c.** Persona que está bajo la autoridad de alguien y que tiene obligación de obedecerlo.
- **d.** Persona que pertenece a la clase más alta de la sociedad por su origen familiar.
- **e.** Autoridad más alta en una monarquía.
- **f.** Jefe de Estado de algunos países o imperios.

2.1. Las siguientes imágenes pertenecen a otros personajes importantes en la historia de los países hispanohablantes. ¿Los conoces? En parejas, imaginad qué cargo político creéis que tuvieron, en qué lugar y en qué fecha.

Manco Cápac

Boabdil el chico

Reyes Católicos

Moctezuma II

Don Pelayo

2.2. 44 Escucha y completa el cuadro para conocer a estos personajes.

	Cargo	País	Siglo
1. Manco Cápac			
2. Boabdil el chico			
3. Reyes Católicos			
4. Moctezuma II			
5. Don Pelayo			

3. ¿Quieres saber algo más sobre la historia de estos personajes? Lee los textos y completa los espacios con las siguientes palabras.

Titicaca | Manco Cápac | Cristóbal Colón | Moctezuma II | Granada | Boabdil el chico | don Pelayo | los cristianos | Reyes Católicos | Quetzalcóatl

La estabilidad del imperio de **(1)** .... se basó en el miedo y el odio que le tenían sus pueblos vasallos. Estos no podían verlo, e incluso las personas más cercanas a él no podían mirarle a los ojos. Este emperador, influido por sus ideas religiosas, creyó que Hernán Cortés y el resto de los colonizadores eran amigos enviados por el dios **(2)** ...., por eso no se resistieron a las fuerzas españolas que eran muy inferiores en número de personas.

Ante el avance de los musulmanes, muchos nobles y eclesiásticos relacionados con el último rey visigodo se refugiaron en las montañas del norte de la Península, donde se mantuvo la resistencia. Cuentan que a partir de la famosa batalla de Covadonga, en la que la Virgen intervino en ayuda de **(3)** ...., **(4)** .... y sus fieles consiguieron ganar terreno avanzar en el proceso de cristianización del reino de Asturias.

Nacido en la Alhambra y conocido por los cristianos como **(5)** ...., fue capturado por los Reyes Católicos. Para conseguir su libertad, tuvo que entregar las llaves de la ciudad de **(6)** .... a los reyes de Castilla. Cuenta la leyenda que, al salir de su ciudad camino del exilio y verla por última vez, no pudo evitar las lágrimas y empezó a llorar. Desde entonces, al lugar donde lloró se le conoce como Suspiro del moro.

(7) .... es el protagonista de una importante leyenda que cuenta que él y su hermana Mama Ocllo, hijos del dios sol, nacieron de las espumas del lago **(8)** .... Fundaron la capital del futuro imperio inca en Cuzco y civilizaron a las poblaciones bárbaras que allí habitaban haciéndoles honrar al dios Inti.

Recibieron el nombre de **(9)** .... como homenaje a su trabajo para extender el catolicismo. Con su matrimonio consiguieron la unión de las Coronas de Castilla y de Aragón. Su reinado puso fin a la Reconquista cristiana de la Península con la Conquista de Granada, Navarra, Canarias, Melilla y otras plazas africanas. Además, ellos financiaron los viajes de **(10)** .... al Nuevo Mundo.

3.1. Vuelve a leer los textos y contesta a las preguntas según la información que aparece en ellos.

a. ¿Qué personajes históricos perdieron sus reinos según el texto? ....

b. ¿Quiénes eran inferiores en número a sus enemigos? ....

c. ¿Qué personajes consiguieron unir varios territorios? ....

d. ¿Qué personajes recibieron supuestamente la visita o ayuda de la virgen? ....

e. ¿Qué personajes honraban a dioses precolombinos? ....

4. ¿Qué personajes históricos de tu país conoces? ¿Por qué son importantes? Habladlo en parejas y completad la tabla.

Personaje	Motivo de su importancia

4.1. Elegid uno de los personajes de la actividad anterior y escribid un texto contando su historia.

4.2. Leed vuestro texto al resto de parejas sin decir el nombre de su personaje. ¿Qué pareja consigue adivinar más personajes?

Recuerdos del pasado

UNIDAD 45

1. Observa estos lugares. ¿Los reconoces? ¿Sabes dónde se encuentran? Comentadlo en parejas.

a

c

e

b

d

1.1. Relacionad las imágenes de los lugares de la actividad anterior con los siguientes nombres.

1. ◯ Acueducto de Segovia, España.
2. ◯ Ruinas de Palenque, México.
3. ◯ La Alhambra, España.
4. ◯ Castillo de San Felipe, Colombia.
5. ◯ Ruinas de Numancia, España.

2. En parejas, relacionad los siguientes periodos históricos con su nombre correspondiente. Podéis usar el diccionario si es necesario.

1. Periodo anterior a la conquista de la Península Ibérica por parte del imperio romano. ●
2. Periodo de dominación romana en la Península Ibérica. ●
3. Periodo musulmán en la Península Ibérica. ●
4. Periodo anterior a la conquista de América por parte de España. ●
5. Periodo posterior a la conquista de América por parte de España. ●

- ● a. Nazarí
- ● b. Prerromano
- ● c. Precolombino
- ● d. Colonial
- ● e. Romano

2.1. Ahora, en parejas, observad de nuevo los lugares que aparecen en la actividad 1 e intentad relacionarlos con el periodo al que pertenecen.

1. Las ruinas de Numancia ●
2. Las ruinas de Palenque ●
3. La Alhambra ●
4. El Acueducto de Segovia ●
5. Castillo de San Felipe ●

- ● a. Nazarí
- ● b. Prerromano
- ● c. Precolombino
- ● d. Colonial
- ● e. Romano

2.2. Lee los textos y comprueba tus respuestas anteriores. Usa el diccionario si lo necesitas.

Recuerdo Prerromano

Numancia es el nombre de una desaparecida población celtíbera situada sobre el cerro de la Muela, en Garray, a 7 km al norte de la actual ciudad de Soria, España. Los numantinos levantaron un cerco de 9 km alrededor de la ciudad para resistir los continuos ataques romanos. Finalmente, después de trece años de asedio, decidieron acabar con su dura situación. Algunos numantinos se entregaron como esclavos al ejército romano, mientras que la gran mayoría decidió morir quitándose la vida.

Recuerdo nazarí

La Alhambra es un rico complejo arquitectónico formado por un palacio y una fortaleza. Fue residencia del monarca y de la corte del Reino nazarí de Granada. Su verdadero atractivo, como en otras obras musulmanas de la época, se encuentra no solo en la decoración de los interiores, considerada una de las joyas del arte andalusí, sino también en su localización, totalmente integrada en la naturaleza. Patrimonio de la Humanidad, es actualmente el monumento más visitado de España.

Recuerdo precolombino

Palenque es una ciudad maya situada en el actual estado mexicano de Chiapas, cerca del río Usumacinta. En un principio era una aldea dedicada a la agricultura, gracias a los manantiales y corrientes de agua de la región, más tarde creció y llegó a ser la capital de la región de B'akaal. Es uno de los lugares más impresionantes de esta cultura. Destaca por su arquitectura y su escultura.

Recuerdo romano

Según los investigadores, el Acueducto de Segovia fue construido en el siglo I y principios del siglo II por los romanos tras la conquista de los vacceos, pueblo celta habitante de la región. Es la obra de ingeniería civil romana más importante de España y uno de los monumentos más significativos y mejor conservados de la época romana en la Península Ibérica. Símbolo de la ciudad y con un recorrido de más de 15 km, fue construido para transportar agua desde la sierra hasta la ciudad de Segovia.

Recuerdo colonial

Situado sobre un cerro llamado San Lázaro, el castillo de San Felipe fue construido por los españoles en 1536 para demostrar su poder y superioridad. Supuso la protección de la ciudad de Cartagena de Indias ante los ataques de los franceses y los ingleses. A lo largo de toda su historia, la fortificación militar sufrió varias remodelaciones para evitar su deterioro. Todavía se conservan las residencias y los túneles subterráneos.

2.3. **Lee el texto de nuevo y completa los siguientes enunciados.**

a. El Castillo de San Felipe sufrió .... de los franceses e ingleses.

b. Los investigadores no conocen la .... exacta en el que se construyó el acueducto de Segovia.

c. Lo más atractivo de la Alhambra es .... y ....

d. Antes de convertirse en la capital de B'akaal, Palenque se dedicaba a ....

e. Los romanos .... Numancia durante 13 años.

3. 45 **Para conocer algo más sobre estos lugares, escucha y escribe el orden en el que se mencionan.**

◯ Ruinas de Numancia

◯ Ruinas de Palenque

◯ La Alhambra

◯ Acueducto de Segovia

◯ Castillo de San Felipe

4. **Piensa en algún lugar de interés histórico de tu país y escribe un texto sobre este. Recuerda incluir:**

Nombre, lugar en el que se encuentra, periodo al que pertenece, descripción e imagen representativa.

4.1. bla bla **Compartid vuestros espacios de interés histórico. ¿Conocéis los lugares de vuestros compañeros?**

Acontecimientos

UNIDAD 46

1. Las siguientes imágenes están relacionadas con la historia de algunos países hispanos. ¿Reconoces alguna? Habladlo en parejas.

1.1. Observad estas otras imágenes relacionadas con las anteriores. Las tres representan acontecimientos importantes en el mundo hispanohablante. ¿Imagináis de qué acontecimientos se trata y dónde se produjeron?

1.2. Por último, leed las siguientes palabras e intentad concretar las hipótesis de la actividad 1.1. Si lo necesitáis, podéis usar el diccionario.

apertura | Machu Picchu | dictador | canal | España | descubrimiento | Panamá | Francisco Franco | muerte | Perú

2. (46) Para comprobar tus hipótesis anteriores, escucha y completa la tabla.

	Imagen	Acontecimiento	País	Fecha
1.				
2.				
3.				

2.1. (46) Escucha de nuevo y marca con qué o quién está relacionado cada enunciado.

	Franco	Canal de Panamá	Machu Picchu
a. Mejora del comercio marítimo.	◯	◯	◯
b. Significa "montaña vieja".	◯	◯	◯
c. Fin de la Segunda República.	◯	◯	◯
d. Lo usan frecuentemente dos países.	◯	◯	◯
e. Fin de la dictadura.	◯	◯	◯
f. Situado a una gran altura sobre el nivel del mar.	◯	◯	◯

3. ¿Quieres saber algo más sobre estos acontecimientos? Lee las siguientes noticias de hemerotecas y después contesta a las preguntas. Usa el diccionario si lo necesitas.

24 julio 1911 **ABC**

Descubren el último resquicio de los incas

Se descubre el último poblado inca llamado Machu Picchu. Las exploraciones del investigador norteamericano Hiran Bingman en busca de la épica ciudad de Vitcos por fin dan resultados. Después de llegar al valle de Vilcabamba y pasar por Mandor, el explorador y su ayudante, el guía local Melchor Arteaga, llegan a la cima del cerro llamado Machu Picchu, donde encuentran el fabuloso antiguo poblado inca de Picchu. También encuentran a dos familias habitando el lugar: los Recharte y los Álvarez, que utilizan los andenes del sur de las ruinas para cultivar y que beben agua de un canal inca que aún funciona. Pablo Recharte, uno de los niños de Machu Picchu, ayuda a Bingham y a Arteaga a acceder a la "zona urbana" cubierta por la maleza.

14 de agosto de 1914 **Diario de noticias**

Del Atlántico al Pacífico

Después de muchos intentos por parte de los primeros colonizadores de América Central y de Francia en el 1800, y más tarde por parte de los Estados Unidos, mañana se inaugura el canal de Panamá.

Tras 30 años de trabajo, el canal de 80 km va a unir los dos grandes mares: el Atlántico y el Pacífico. Esta obra va a ser una empresa comercial muy beneficiosa, al mismo tiempo que mantiene su fundamental finalidad de conexión marítima.

Madrid, 30 de agosto de 1947 **ABC**

El presidente Arias Navarro anuncia la muerte de Franco

La muerte de Franco significó el fin de 36 años de dictadura en España y la entrada en un proceso de transición que llevó a los españoles a la democracia y a la recuperación de las libertades. La imagen más recordada de aquel 20 de noviembre de 1975 fue la del presidente del Gobierno, el franquista Carlos Arias Navarro, confirmando ante las cámaras de televisión la muerte del dictador y leyendo, posteriormente, su "testamento político" en directo.

a. ¿Con quién llega Bingman a Picchu? ¿Qué encuentran? ....

b. ¿Qué uso tiene el canal de Panamá? ....

c. ¿Quién fue Arias Navarro? ....

d. ¿Qué utilizan del antiguo poblado inca las dos familias que viven en la misma zona? ....

e. ¿Cuántos años duró la construcción del canal de Panamá? ....

f. ¿Por qué fue tan importante la muerte de Franco? ....

3.1. De los tres acontecimientos vistos, ¿cuál crees que ha sido más importante para la historia? ¿Por qué? ¿Conoces otros acontecimientos sociales importantes en el mundo hispanohablante? Coméntalo con tus compañeros.

4. Piensa en algún acontecimiento social importante de tu país y escribe una posible noticia de hemeroteca.

4.1. Después, entre toda la clase, cread una revista de acontecimientos sociales uniendo todas las noticias. ¿Conoces los acontecimientos trabajados por tus compañeros?

Variantes del español

UNIDAD 47

1. Lee los mensajes que ha recibido Susana en la red social Mapamigos. ¿Qué diferencias observas entre ellos? ¿Por qué crees que existen estas diferencias? Comentadlo en parejas.

1.2. Lee el texto y completa los espacios con los países de procedencia de las amigas de Susana. El mapa de la actividad 1 puede ayudarte.

En las zonas hispanohablantes existen varias formas para referirnos a la segunda persona del singular. A grandes rasgos, podemos decir que el tuteo (uso de *tú*) es exclusivo de **(1)** ...., casi todo México, las Antillas, la mayor parte de Perú y de Venezuela, y la costa atlántica colombiana. Se suele usar en situaciones de confianza y familiaridad.

El voseo[1] consiste, en términos generales, en usar la forma *vos* en lugar de *tú* y también implica acercamiento y familiaridad. Se da en la mayor parte de Hispanoamérica, aunque en diferente grado y consideración social según las regiones: alternan el tuteo como forma culta y el voseo como forma popular o rural en Bolivia, Perú, Ecuador, pequeñas zonas de los Andes venezolanos, gran parte de Colombia, Panamá y la franja oriental de Cuba. Coexisten el tuteo como tratamiento de formalidad intermedia y el voseo como tratamiento familiar en Chile, el estado venezolano de Zulia, la costa pacífica colombiana, Centroamérica y los estados de Tabasco y Chiapas (México). Áreas de voseo generalizado por todas las clases sociales son **(2)** ...., Uruguay y Paraguay.

También existen varias formas de voseo, la más extendida es la de la región del Río de la Plata y Centroamérica que afecta tanto al pronombre (voseo pronominal), como al verbo (voseo verbal). Así, un argentino te dirá "vos andás" en lugar de "tú andas".

En **(3)** .... el voseo más aceptado es el que combina el tuteo pronominal y el voseo verbal (el voseo pronominal es considerado vulgar). Son típicamente chilenas las terminaciones verbales en *-ís*, con aspiración o pérdida de la *-s* en el uso informal. Así, un joven chileno te dirá "tú andai".

Por último, la forma *usted* se usa, en la mayoría de los países, para dirigirse a alguien en un registro formal. Sin embargo, en **(4)** ...., *usted* se usa más en registro informal, por ejemplo, con la familia y los amigos, por lo que un colombiano te dirá "usted anda".

[1]Referido al voseo dialectal americano, 2.ª acepción de voseo según el Diccionario Panhispánico de Dudas, diferente del voseo referencial que se usa como forma de tratamiento elevado.

2. Escucha y numera los verbos para referirnos a la 2.ª persona del singular según el orden en el que aparecen. Después, clasifícalos en el país correspondiente. 47A

◯ cantas	◯ vive	◯ cantai	◯ vives	(1) cantás	◯ comes
◯ comés	◯ vivís	◯ come	◯ comei	◯ canta	◯ viví

Argentina	Chile	España	Colombia

3. Observa la imagen y discute con tu compañero cuál de las dos frases se dice en esta situación. ¿Qué relación crees que existe entre estas personas? Coméntalo con la clase.

a) Hola, hijos. ¿Cómo están?

b) Hola, hijos. ¿Cómo estáis?

3.1. Ahora, lee el siguiente texto y comprueba tu respuesta anterior.

> En el español de España, se usa generalmente el pronombre *vosotros* para referirse a la segunda persona del plural; sin embargo, cuando uno se dirige a personas desconocidas o con las que no se tiene suficiente confianza, se usa la forma *ustedes*, especialmente en el centro y norte de la península.
>
> Los hispanohablantes de América, a diferencia de los españoles, no emplean la forma *vosotros*, usan siempre la forma *ustedes*, independientemente del grado de confianza o de cercanía. Esto sucede también en algunas zonas de España, como en Andalucía occidental y en algunas zonas de las Islas Canarias.
>
> Fuente: *Introducción al español americano* de José G. Moreno de Alba

3.2. Completa el cuadro con las siguientes opciones según la información del texto.

Vosotros sois/estáis | Ustedes son/están

	Hispanoamérica	España
Registro formal		
Registro informal		

4. Escucha y escribe las formas verbales en su lugar correspondiente. 47B

Ustedes	Vosotros

4.1. ¿Cuáles son en tu lengua los pronombres de la segunda persona del singular y del plural? ¿Existe más de una forma para referirse a la misma persona? ¿Hay diferencia en el uso de los pronombres en los contextos formales o informales? Comentadlo en parejas.

Así, sí

1. Hazle este cuestionario a tu pareja. ¿Coincidís en las respuestas?

1. En una conversación, ¿cuánta distancia dejas aproximadamente entre tú y la otra persona?

   cm: ....

2. ¿Tocas a las personas cuando hablas con ella?
   a. Sí, para poner énfasis en lo que digo, para mostrar cariño o por alguna otra causa.
   b. No, me parece una invasión del espacio personal.

3. ¿Eres una persona puntual?
   a. Sí, siempre intento llegar a tiempo a todos sitios.
   b. La verdad es que muchas veces llego un poco tarde, pero no creo que sea algo muy grave.

2. ¿Cuál crees que sería la respuesta de un hispanohablante a las preguntas de la actividad anterior? Comentadlo en parejas.

2.1. Lee los textos y comprueba tus hipótesis anteriores. Después, ponle a cada uno el título más adecuado.

Una cultura de contacto | Una cultura de imprecisión temporal | Una cultura de cercanía

a. ....

En los países hispanohablantes, si una persona llega entre cinco y diez minutos tarde, no es una descortesía. Incluso, en situaciones informales, la puntualidad excesiva puede considerarse como signo de ansiedad.

b. ....

En los países hispanos, la distancia física entre dos personas que conversan es mucho menor que en otros países. Una buena distancia entre tú y tu interlocutor es poder verlo dentro de un ángulo de visión que va desde los hombros o desde la cintura para arriba.

c. ....

Para los hispanos, tocarse es parte importante en la conversación. Mientras hablas con otra persona, en algunas circunstancias es muy habitual tocarle el brazo o el hombro para mostrar cercanía en la relación. Por otro lado, es muy común mirar fijamente a los ojos, frente a otras culturas que no mantienen tan firme la mirada.

2.2. ¿Ocurre lo mismo en tu cultura? Coméntalo con tus compañeros.

3. Escucha las conversaciones y relaciónalas con las siguientes imágenes. 48

a

....

b

....

c

....

d

....

e

....

f

....

g

....

3.1. Escucha de nuevo los diálogos y responde a las preguntas. 48

1. ¿Quién le da el regalo? ¿Lo abre o lo guarda para abrirlo luego?
....
2. ¿Dónde están? ¿Es una despedida?
....
3. ¿A qué hora sale el niño del colegio? ¿Está su madre a la hora exacta de su salida?
....
4. ¿Qué palabras utilizan para referirse el uno al otro?
....
5. ¿Qué lleva puesto? ¿Por qué no puede vestir así?
....
6. ¿Qué están viendo? ¿Están en silencio?
....
7. ¿Dónde están? ¿Qué está prohibido hacer?
....

3.2. En parejas, completad los enunciados con el nombre del país correspondiente. Fijaos en las banderas que acompañan a las imágenes de la actividad 3.

a. En .... es de buena educación abrir los regalos en público.

b. En ...., si te invitan a cenar, no puedes irte inmediatamente después de la cena. Lo habitual es estar en la casa de tus amigos durante dos horas más, aproximadamente.

c. En .... la gente no es muy puntual.

d. En .... es normal llamar por el título académico a las personas en situaciones formales: *licenciado*, *doctor*.

e. En .... solo se puede usar la bandera en las fiestas nacionales. No se puede llevar en la ropa.

f. En .... no es de mala educación hablar mientras la gente ve la televisión.

g. En .... no se pueden hacer fotos de la policía ni de los aeropuertos.

3.3. ¿Ocurre también lo mismo en tu país? Coméntalo con tus compañeros.

4. Piensa en algunos comportamientos culturales de tu país que puedan resultar extraños a un hispanohablante y escribe un breve texto similar a los de la actividad 2.1. Si tus compañeros y tú sois de países diferentes, no escribas el nombre de tu país.

4.1. Poned en común vuestros textos. Si érais de países diferentes, ¿quién ha adivinado más países?

Entre culturas

UNIDAD 49

1. ¿Qué te sugiere la palabra *cultura*? Haced una lista en parejas.

1.1. Ahora, relacionad cada concepto con la imagen que creéis que le corresponde. Si no pensáis igual, justificad vuestra elección.

- ◯ Arte
- ◯ Ciencia
- ◯ Industria
- ◯ Modo de vida
- ◯ Costumbre
- ◯ Conocimientos/Saberes
- ◯ Creencias
- ◯ Gestos

Cultura

a

b

c

d

e

f

g

h

1.2. ¿Se te ocurren otros conceptos para representar la cultura de un grupo social? Piensa en algunas imágenes o ideas y coméntalas con tus compañeros.

2. Estos cuatro pueblos componen un único Estado nación. ¿Sabéis cuál? Os damos una pista: Es un país latinoamericano de Centroamérica. Discutidlo y buscad la respuesta en Internet si es necesario.

En .... podemos encontrar cuatro pueblos:

- Pueblo **maya**: 22 comunidades lingüísticas
- Pueblo **garifuna**
- Pueblo **xinca**
- Pueblo **ladino** o **mestizo**

2.1. ¿Ocurre lo mismo en tu país? Coméntalo con tus compañeros.

3. *Multiculturalidad* e *interculturalidad* son dos conceptos relacionados con la cultura. ¿Sabes qué significan exactamente? Habla con tu pareja. Después, relacionad cada concepto con la imagen correspondiente justificando vuestra respuesta.

- ◯ Multiculturalidad
- ◯ Interculturalidad

a
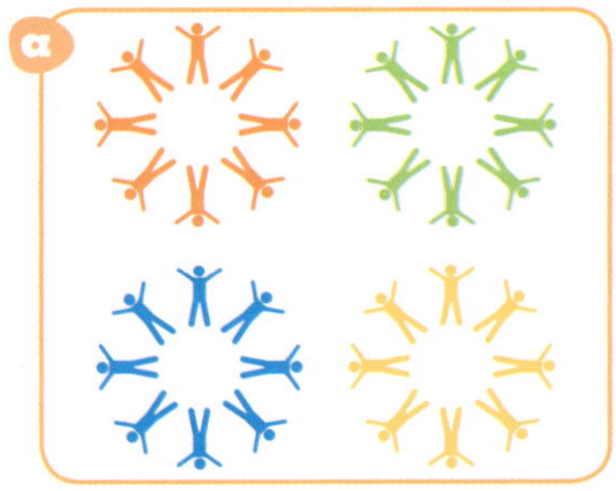
b

3.1. Escucha la audición y relaciona las dos columnas. 49

1. Convivencia respetuosa entre varias culturas en un lugar. ....
2. Relación entre varias culturas dentro de una misma sociedad. ....
3. Existencia de varias culturas en un lugar. ....

- a. Interculturalidad
- b. Multiculturalidad
- c. Pluriculturalidad

3.2. ¿Conoces algún país donde convivan varias culturas? Coméntalo con tus compañeros y pon ejemplos de países pluriculturales.

3.3. Ya sabemos que la interculturalidad es la interacción entre varias culturas. ¿Es tu clase de español un espacio intercultural? Coméntalo con tus compañeros. Pon algunos ejemplos de espacios interculturales.

4. Para los estudiantes de segundas lenguas es importante desarrollar la consciencia intercultural. ¿Entiendes el significado de este concepto? Lee el siguiente texto y compruébalo.

En las relaciones interculturales se establece una relación basada en el respeto a la diversidad y el enriquecimiento mutuo. La consciencia cultural nos permite tener conocimientos sobre otros y sobre nosotros mismos. Descubrimos que la realidad no es siempre como nosotros la vemos y que las cosas pueden realizarse de manera diferente en otros lugares del mundo. Sin duda, abre nuestra mente y nos sentimos más satisfechos.

Pero, a consecuencia de estas relaciones, también pueden aparecer conflictos, lógicamente. Estos pueden resolverse mediante la comprensión, el respeto a la otra cultura, la tolerancia, el diálogo y la escucha mutua, etc.

Por esto, el conocimiento y la comprensión de la relación entre nuestra cultura y la cultura que estudiamos desarrollan la consciencia intercultural. Es importante observar siempre las semejanzas y diferencias más distintivas entre nuestra cultura y la otra. La comunicación entre culturas no solo nos permite entrar en contacto con otras culturas diferentes a la nuestra y conocerlas, sino que también nos sirve para aprender a tolerar, aceptar, respetar y disfrutar de la diferencia.

4.1. Lee de nuevo y di si los siguientes enunciados son verdaderos (V) o falsos (F). Corrige, después, la información falsa.

a. La consciencia intercultural nos permite tener conocimientos sobre nosotros mismos. .... V F

b. En una relación intercultural no existen conflictos culturales. .... V F

c. Observar las diferencias y similitudes entre nuestra cultura y otras nos puede ayudar a comprender y respetar a otros. .... V F

d. La consciencia intercultural se desarrolla conociendo y comprendiendo la relación entre tu cultura y otras. .... V F

4.2. ¿Se te ocurre algún aspecto de la cultura hispana que pueda suponer un conflicto en relación a algún aspecto de tu cultura? Imagina la situación y coméntalo con tus compañeros.

País a país

UNIDAD 50

Introducción

1. Seguro que ya has aprendido mucho sobre los países del mundo hispano. ¿Qué crees que tienen en común todos ellos? Comentadlo en parejas.

2. Lee el siguiente texto y responde a las preguntas.

> El mundo hispanohablante, compuesto por muchos países diferentes, tiene muchas cosas en común: la lengua, la comunicación no verbal, algunas convenciones sociales, muchos referentes internacionales...
>
> Sin embargo, como es obvio, cada país tiene también sus particularidades culturales, que puede compartir con otros países o ser exclusivas de la población que habita en él.
>
> En esta unidad vas a trabajar precisamente las particularidades propias de cada país de habla hispana.

a. ¿Qué elementos tienen en común, según el texto, los países hispanos? ¿Coinciden con los que tú has escrito en la actividad 1?

....

b. ¿Qué se va a tratar en esta unidad? ....

Tarea

3. ¿Qué te sugiere esta imagen? ¿Cuál crees que es la tarea final de esta unidad? Habladlo en parejas.

3.1. [50] Escucha y comprueba tu respuesta anterior. Después, escribe cuál es vuestra tarea.

....

....

....

3.2. Completa según las indicaciones de tu profesor.

La exposición de nuestro grupo es sobre .... (país que te toca investigar).

Recursos

4. Pensad en los recursos necesarios para obtener la información acerca del país que os ha tocado. Vuestro profesor puede ayudaros.

Recursos en papel	Recursos digitales	Imágenes y material audiovisual

Proceso

5. **Para preparar vuestro trabajo de investigación, leed la información que debéis incluir en él. A continuación, recopilad la información de la ficha con los datos que ya conocéis después de haber finalizado el libro. Por último, repartid entre vosotros la búsqueda de la información que os falta.**

PAÍS: ....

a. Imágenes más representativas del país (pueden ser de cualquier ámbito cultural: gastronomía, personajes, manifestaciones artísticas...).

b. Localización del país en el mapa indicando el territorio que abarca.

c. Referentes políticos: bandera, moneda, himno nacional, forma de gobierno, presidente actual...

d. Población: número de habitantes, gentilicio, lenguas oficiales, razas y religión.

e. Capital, ciudades más importantes y lugares representativos dentro de las ciudades.

f. Economía: principales fuentes de ingresos del país.

g. Lugares representativos del país: lugares históricos, lugares de interés turístico, espacios naturales, etc.

h. Gastronomía: platos típicos, qué ingredientes llevan, hábitos relacionados con la comida.

i. Personajes más famosos pertenecientes al mundo del arte, la literatura, la música, la danza, el deporte, el cine...

j. Similitudes o diferencias con otros países hispanos.

Para acompañar vuestro trabajo, podéis incluir imágenes y audios.

Resultado

6. **Repasad toda la información e imágenes que tenéis, comprobando que no falta nada. A continuación, preparad la presentación repartiéndola entre todos los miembros del grupo. Por último, exponedla al resto de la clase, que se encargará de tomar notas.**

Evaluación

7. **Escuchad las presentaciones de los demás grupos y completad la tabla según vuestras impresiones.**

	Grupo n.°...
a. ¿Cuál es la presentación más completa?	
b. ¿Cuál tiene las mejores imágenes?	
c. ¿Cuál aporta información más curiosa o interesante?	
d. ¿Cuál es la mejor presentada?	
e. ¿Cuál está mejor redactada?	

7.1. ¿Crees que has aprendido mucho sobre los países hispanos? ¿Crees que tienes una idea general sobre el país que has trabajado con tu grupo? ¿Y sobre los países que han trabajado el resto de grupos? Háblalo con tus compañeros.

Groenlandia (DINAMARCA)
CANADÁ
ESTADOS UNIDOS
MÉXICO
BAHAMAS
CUBA
REPÚBLICA DOMINICANA
HAITÍ
Puerto Rico (EE.UU.)
ANTIGUA Y BARBUDA
DOMINICA
BARBADOS
JAMAICA
BELICE
HONDURAS
GUATEMALA
EL SALVADOR
NICARAGUA
COSTA RICA
PANAMÁ
VENEZUELA
GUYANA
SURINAM
Guayana Francesa (FRANCIA)
COLOMBIA
ECUADOR
PERÚ
BRASIL
BOLIVIA
PARAGUAY
CHILE
ARGENTINA
URUGUAY
Trópico de Cáncer
Ecuador
Trópico de Capricornio
ISLANDIA
IRLANDA
REINO UNIDO
NORUEGA
SUECIA
FINLANDIA
ESTONIA
LETONIA
LITUANIA
DINAMARCA
PAÍSES BAJOS
BÉLGICA
LUXEMBURGO
ALEMANIA
POLONIA
BIELORRUSIA
UCRANIA
REP. CHECA
ESLOVAQUIA
LIECHTENSTEIN
AUSTRIA
HUNGRÍA
MOLDAVIA
FRANCIA
SUIZA
ESLOVENIA
CROACIA
RUMANÍA
BOSNIA HERZEGOVINA
SERBIA
KOSOVO
BULGARIA
MONTENEGRO
MACEDONIA
ALBANIA
ANDORRA
PORTUGAL
ESPAÑA
ITALIA
GRECIA
MALTA
TURQUÍA
GEORGIA
ARMENIA
AZERBAIYÁN
RUSIA
KAZAJISTÁN
UZBEKISTÁN
TURKMENISTÁN
KIRGUISTÁN
TAYIKISTÁN
AFGANISTÁN
PAKISTÁN
MONGOLIA
CHINA
COREA DEL NORTE
COREA DEL SUR
REP. DE CHINA
NEPAL
BUTÁN
BANGLA-DESH
INDIA
SRI LANKA
MALDIVAS
MYANMAR (BIRMANIA)
LAOS
TAILANDIA
CAMBOYA
VIETNAM
FILIPINAS
BRUNÉI
MALASIA
SINGAPUR
INDONESIA
TIMOR ORIENTAL
AUST
CHIPRE
SIRIA
LÍBANO
ISRAEL
JORDANIA
IRAK
IRÁN
KUWAIT
BAREIN
CATAR
ARABIA SAUDITA
EMIRATOS ÁRABES UNIDOS
OMÁN
YEMEN
MARRUECOS
TÚNEZ
ARGELIA
LIBIA
EGIPTO
(SAHARA OCCIDENTAL)
MAURITANIA
MALÍ
NÍGER
CHAD
SUDÁN
ERITREA
YIBUTI
SENEGAL
GAMBIA
GUINEA-BISÁU
GUINEA
SIERRA LEONA
LIBERIA
COSTA DE MARFIL
BURKINA FASO
GHANA
TOGO
BENÍN
NIGERIA
CAMERÚN
GUINEA ECUATORIAL
REPÚBLICA CENTROAFRICANA
SUDÁN DEL SUR
ETIOPÍA
SOMALIA
UGANDA
KENIA
GABÓN
REP. DEL CONGO
REP. DEMOCRÁTICA DEL CONGO
RUANDA
BURUNDI
TANZANIA
SEYCHELLES
COMORAS
ANGOLA
MALAUI
ZAMBIA
ZIMBABUE
MOZAMBIQUE
MADAGASCAR
NAMIBIA
BOTSUANA
SUAZILANDIA
LESOTO
SUDÁFRICA

CANADÁ
ESTADOS UNIDOS
San Pedro y Miquelón (FRANCIA)
Bermudas (RU)
MÉXICO
BAHAMAS
CUBA
REPÚBLICA DOMINICANA
HAITÍ
Puerto Rico (EE.UU.)
ANTIGUA Y BARBUDA
DOMINICA
BARBADOS
JAMAICA
BELICE
HONDURAS
GUATEMALA
EL SALVADOR
NICARAGUA
COSTA RICA
PANAMÁ
VENEZUELA
GUYANA
Guayana Francesa (FRANCIA)
SURINAM
COLOMBIA
ECUADOR
PERÚ
BRASIL
BOLIVIA
PARAGUAY
URUGUAY
CHILE
ARGENTINA
ISLANDIA
IRLANDA
REINO UNIDO
DINAMARCA
ESTONIA
LITUANIA
LETONIA
BIELORRUSIA
POLONIA
ALEMANIA
FRANCIA
SUIZA
AUSTRIA
RUMANIA
ANDORRA
ITALIA
GRECIA
PORTUGAL
ESPAÑA
MARRUECOS
ARGELIA
EGIPTO
MAURITANIA
MALÍ
NÍGER
CHAD
ETIOPÍA
GUINEA ECUATORIAL
REP. DEMOCRÁTICA DEL CONGO
SUDÁFRICA
RUSIA
KAZAJISTÁN
MONGOLIA
CHINA
JAPÓN
IRÁN
INDIA
FILIPINAS
INDONESIA
AUSTRALIA
Países donde el español es lengua oficial
Países donde se habla español sin reconocimiento oficial
Países ASALE

CANADÁ
ESTADOS UNIDOS
MÉXICO
Golfo de México
BAHAMAS
CUBA
REPÚBLICA DOMINICANA
HAITÍ
Puerto Rico (EE.UU.)
ANTIGUA Y BARBUDA
DOMINICA
BARBADOS
JAMAICA
BELICE
HONDURAS
GUATEMALA
EL SALVADOR
NICARAGUA
COSTA RICA
PANAMÁ
Istmo de Panamá
Parque Nacional Canaima (Salto del Ángel)
VENEZUELA
GUYANA
Guayana Francesa (FRANCIA)
SURINAM
COLOMBIA
ECUADOR
PERÚ
Río Amazonas
BRASIL
Lago Titicaca
BOLIVIA
Cordillera de los Andes
PARAGUAY
URUGUAY
CHILE
La Pampa
ARGENTINA
ISLANDIA
IRLANDA
REINO UNIDO
DINAMARCA
ESTONIA
LITUANIA
LETONIA
POLONIA
BIELORRUSIA
ALEMANIA
FRANCIA
SUIZA
AUSTRIA
RUMANIA
KAZAJISTÁ
ANDORRA
ITALIA
PORTUGAL
ESPAÑA
GRECIA
Estrecho de Gibraltar
MARRUECOS
IRÁN
ARGELIA
EGIPTO
MAURITANIA
MALÍ
NÍGER
CHAD
ETIOPÍA
GUINEA ECUATORIAL
REP. DEMOCRÁTICA DEL CONGO
SUDÁFRICA

Historia de España. Unidad 42

1. Pueblos prerromanos

2. Hispania romana

3. España visigoda

4. Invasión árabe

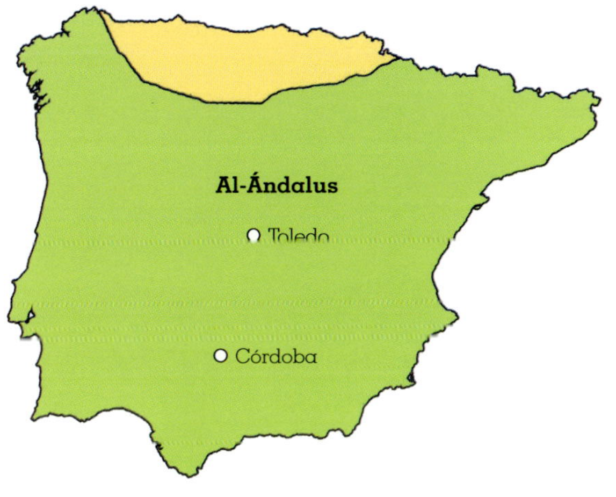

5. La Reconquista

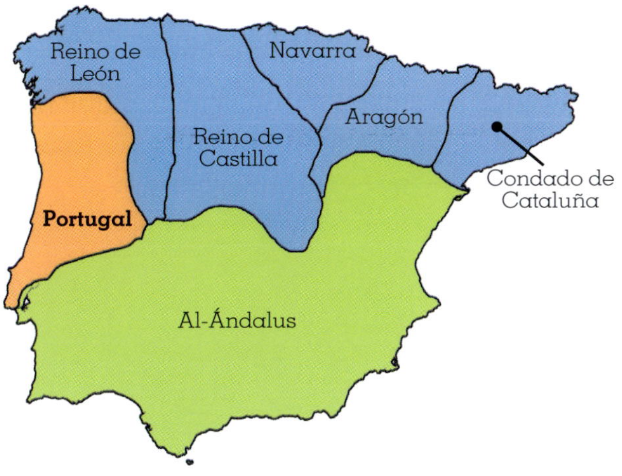

6. Reinado de los Reyes Católicos

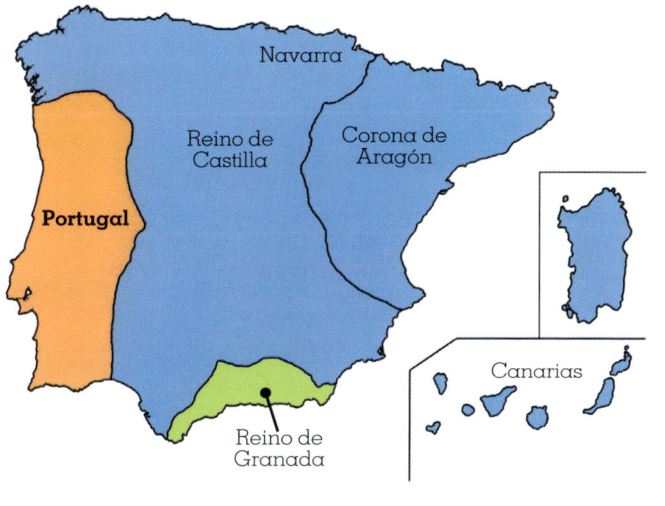

Hispanoamérica precolombina. Unidad 43

Créditos

FOTOGRAFÍAS: Shutterstock.com y Thinkstock

PÁG. 12: Antiguos bailarines folclóricos indios a las puertas de la Catedral Metropolitana, de ChameleonsEye / Shutterstock.com; Niñas peruanas, de Goran Bogicevic / Shutterstock.com; Calle de Madrid, de Takashi Images / Shutterstock.com; **PÁG. 14:** Fallas, de Karol Kozlowski / Shutterstock.com; **PÁG. 16:** Candelaria, disponible en Wikimedia Commons (https://upload.wikimedia.org/wikipedia/commons/thumb/3/34/LaCandelaria.jpg/800px-LaCandelaria.jpg); Oso y madroño, de Enriscapes / Shutterstock.com; Plaza Altamira, disponible en Wikimedia Commons (https://upload.wikimedia.org/wikipedia/commons/thumb/5/56/Plaza_Francia2.jpg/800px-Plaza_Francia2.jpg); Paseo de la Reforma, de AGCuesta / Shutterstock.com; **PÁG. 22:** Salma Hayek, de Denis Makarenko / Shutterstock.com; Rafael Nadal, de Neale Cousland / Shutterstock.com; Evo Morales, de lvalin / Shutterstock.com; Mario Vargas Llosa, de Manvmedia / Shutterstock.com; Gloria Estefan, de s_bukley / Shutterstock.com; **PÁG. 25:** Papa Francisco, de neneo / Shutterstock.com; **PÁG. 34:** Bosque de Chapultepec, de Kiev.Victor / Shutterstock.com; Museo Nacional de Antropología de México, de posztos / Shutterstock.com; La Boquería, de Sergey Kelin / Shutterstock.com; **PÁG. 40:** Barcas del Retiro, de futureGalore / Shutterstock.com; Estanque en el Retiro, de Gilles Gaonach / Shutterstock.com; **PÁG. 55:** Mercado de la Boquería, cedidas por Antonio Arias; Mercado de la Boquería, de guillermo_celano / Shutterstock.com; **PÁG. 56:** Mercado San Miguel, de Tupungato / Shutterstock.com; **PÁG. 57:** Terminal 4 de aeropuerto Adolfo Suárez Madrid-Barajas, de Iakov Filimonov / Shutterstock.com; Cocinera de restaurante mexicano en Teotihuacan, de Aleksandar Todorovic / Shutterstock.com; Centro comercial, de Alastair Wallace / Shutterstock.com.com; **PÁG. 62:** McDonalds, de Sorbis / Shutterstock.com; **PÁG. 68:** Programa *El Hormiguero*, de Shelly Wall / Shutterstock.com; *Reality show*, de Pavel L Photo and Video / Shutterstock.com; Concurso, de Barone Firenze / Shutterstock.com; Serie, de Grzegorz Czapski / Shutterstock.com; **PÁG. 74:** Concierto, de Benoit Daoust / Shutterstock.com; **PÁG. 78:** Mural La historia de México (Diego Rivera), de Gerardo C.Lerner / Shutterstock.com; Penélope Cruz y Salma Hayek, de s_bukley / Shutterstock.com; Chimeneas de la Casa Milà (Gaudí), de Santi Rodriguez / Shutterstock.com; Bella bailarina indígena, de Fotos593 / Shutterstock.com; Catedral de Panamá, de Fotos593 / Shutterstock.com; Pareja de bailarines de tango, de gary yim / Shutterstock.com; **PÁG. 79:** Casa Batlló (Gaudí), de GagliardiImages / Shutterstock.com; Hombre mayor tocando el contrabajo, de Krzyzak / Shutterstock.com; Aficionados españoles, de Sergei Bachlakov / Shutterstock.com; **PÁG. 80:** Bogotá, de F. A. Alba / Shutterstock.com; Buenos Aires, de Anibal Trejo / Shutterstock.com; México, de Morenovel / Shutterstock.com; **PÁG. 82:** Churros con chocolate y Tapas, cedidas por Gaultier Dumas; **PÁG. 83:** Sevillanas, de javarman / Shutterstock.com; Casetas en la Feria de Sevilla, cedida por Gaultier Dumas; Feria, carro de caballos, de javarman / Shutterstock.com; Palo volador, de Patryk Kosmider / Shutterstock.com; **PÁG. 86:** Lionel Andrés Messi, de Maxisport / Shutterstock.com; Lorena Ochoa, de sunday hill / Shutterstock.com; Pau Gasol, de Francisco Turnes / Shutterstock.com; Rafael Nadal, de Natursports / Shutterstock.com; Javier Fernández, de Iurii Osadchi / Shutterstock.com; Adrian Beltré, de Alan C. Heison / Shutterstock.com; Marc Márquez, de Rainer Herhaus / Shutterstock.com; Mireia Belmonte, de Maxisport / Shutterstock.com; **PÁG. 90:** Gabriel García Márquez, de Jose Lara, disponible bajo licencia CC BY-SA 2.0 vía Wikimedia Commons (http://upload.wikimedia.org/wikipedia/commons/0/0f/Gabriel_Garcia_Marquez.jpg); Mario Vargas Llosa, de Manvmedia / Shutterstock.com; Retrato de Camilo José Cela, de Ricardo Asensio, disponible en Creative Commons (https://commons.wikimedia.org/wiki/File:Camilo_Jos%C3%A9_Cela_Madrid_1996.jpg); Miguel Ángel Asturias, de Dominique Roger, disponible en Creative Commons (https://commons.wikimedia.org/wiki/File:Miguel_Angel_Asturias,_Nobel_Prize_of_Litterature_1967,_at_the_UNESCO%27s_studios.jpg); Isabel Allende, de Lori Barra; **PÁG. 94:** Bailarines de salsa, disponible bajo licencia CC BY 2.0 vía Wikimedia Commons (https://upload.wikimedia.org/wikipedia/commons/f/fd/Salsa_band_and_salsa_dancing_-_Fatacil_Agriculture_and_Tourism_Fair_-_Lagoa_-_The_Algarve%2C_Portugal_%281470304722%29.jpg); Niñas bailando cumbia, disponible bajo licencia CC BY 2.0 vía Wikimedia Commons (http://commons.wikimedia.org/wiki/File:Bailando_Cumbia.jpg); Bailarines de tango, de David Haykazyan / Shutterstock.com; **PÁG. 96:** *Las Meninas* (Diego de Velázquez), obra bajo licencia Dominio público en Wikimedia Commons (http://commons.wikimedia.org/wiki/File:Las_Meninas,_by_Diego_Vel%C3%A1zquez,_from_Prado_in_Google_Earth.jpg?uselang=es); *Las señoritas de Avignon* (Pablo Picasso), disponible bajo licencia CC BY-SA 3.0 vía Wikimedia Commons; Pablo Picasso, de Argentina (Revista *Vea* y *Lea*) bajo licencia Dominio público en Wikimedia Commons (http://commons.wikimedia.org/wiki/File:Pablo_picasso_1.jpg?uselang=es); Harry Ransom Humanities Research Center, disponible bajo licencia CC BY-SA 3.0 vía Wikimedia Commons (http://en.wikipedia.org/wiki/Harry_Ransom_Center#/media/File:Harry_ransom_center_2012.jpg); Frida Kahlo, de Guillermo Kahlo, bajo licencia Dominio público en Wikimedia Commons (http://commons.wikimedia.org/wiki/File:Frida_Kahlo,_by_Guillermo_Kahlo.jpg); Diego de Velázquez, *Autorretrato*, bajo licencia Dominio público en Wikimedia Commons (https://commons.wikimedia.org/wiki/File:Diego_Vel%C3%A1zquez_Autorretrato_45_x_38_cm_-_Colecci%C3%B3n_Real_Academia_de_Bellas_Artes_de_San_Carlos_-_Museo_de_Bellas_Artes_de_Valencia.jpg); Museo de Arte Moderno de Nueva York, MoMa, de mikecphoto / Shutterstock.com; **PÁG. 98:** Torres Satélite (Luis Barragán), de ProtoplasmaKid, disponible bajo licencia CC-BY-SA 4.0, vía Wikimedia Commons (http://commons.wikimedia.org/wiki/File:Torres_de_Sat%C3%A9lite_-_2.jpg); La Pedrera (Gaudí), de catwalker / Shutterstock.com; Casa Luis Barragán, de Aromgom, disponible bajo licencia CC-BY-SA 4.0, vía Wikimedia Commons (http://upload.wikimedia.org/wikipedia/commons/3/30/Barragan_001.JPG); Sagrada familia (Gaudí), de funkyfrogstock / Shutterstock.com; Fuente de los amantes (Luis Barragán), de Susleriel, bajo licencia Dominio público en Wikimedia Commons (http://upload.wikimedia.org/wikipedia/commons/4/41/Fuente_de_los_Amantes.JPG); Luis Barragán, de Susleriel, disponible en Flickr bajo licencia CC-BY SA 2.0 de Creative Commons (https://www.flickr.com/photos/27608953@N06/2626437730/); Antoni Gaudí, de Pablo Audouard Deglaire, bajo licencia Dominio público en Wikimedia Commons (https://es.wikipedia.org/wiki/Archivo:Gaud%C3%AD_(1878).jpg); **PÁG. 99:** Sala de las Cien Columnas, Parque Güell (Gaudí), de Brian Kinney / Shutterstock.com; Fuente de la Casa Gilardi (Luis Barragán), de Ulises00, bajo licencia Dominio público en Wikimedia Commons (https://commons.wikimedia.org/wiki/File:Casa_Giraldi_Luis_Barragan.JPG); Entrada al Parque Güell, de nito / Shutterstock.com; Banco ondulado, Parque Güell, de Tupungato / Shutterstock.com; Turó de les Tres Creus, Parque Güell, de VICTOR TORRES / Shutterstock.com; Interior Casa Liraldi (Luis Barragán), de Ulises00, bajo licencia Dominio público en Wikimedia Commons (https://commons.wikimedia.org/wiki/File:Casa_Liraldi_Luis_Barrag%C3%A1n.JPG); Columnas inclinadas, Parque Güell, de Brian Kinney / Shutterstock.com; **PÁG. 100:** Fiesta de la virgen de Guadalupe en Sucre, de Rafal Cichawa / Shutterstock.com; Tradicional protesta del Cacerolazo (Argentina), de Alexandr Vorobev / Shutterstock.com; **PÁG. 101:** El Jardín, Colombia, gente sentada en frente de un café, de Barna Tanko / Shutterstock.com; Retrato de Fidel Castro, de emkaplin / Shutterstock.com; Gente local sentada en la calle, de Naeblys / Shutterstock.com; **PÁG. 104:** Iglesia de San Juan de Baños, de Rafaelji, disponible bajo licencia CC BY-SA 3.0 vía Wikimedia Commons (http://commons.wikimedia.org/wiki/File:San_Juan_de_Ba%C3%B1os_.jpg); **PÁG. 106:** Balsa de oro ofrenda muisca, de Andrew Bertram, bajo licencia CC BY SA 1.0 vía Wikimedia Commons (http://commons.wikimedia.org/wiki/File:Muisca_raft_Legend_of_El_Dorado_Offerings_of_gold.jpg?uselang=es); **PÁG. 108:** El rey chico de Granada, bajo licencia Dominio público en Wikimedia Commons; Don Pelayo, bajo licencia Dominio público en Wikimedia Commons (https://commons.wikimedia.org/wiki/File:Pelagius_of_Asturias.jpg); Retrato de Moctezuma, de Antonio Rodriguez, bajo licencia Dominio público en Wikimedia Commons (https://commons.wikimedia.org/wiki/File:Moctezuma_Xocoyotzin.png); Isabel I de Castilla, Reina de Castilla y León, con su marido Fernando II de Aragón, bajo licencia Dominio público en Wikimedia Commons (https://commons.wikimedia.org/wiki/File:IsabellaofCastile05.jpg?uselang=es); Manco Capac, detalle de la genealogía de los incas, bajo licencia Dominio público en Wikimedia Commons (http://commons.wikimedia.org/wiki/File:Ayarmanco1.JPG?uselang=es); **PÁG. 110:** Numancia, de Agustín Jiménez, bajo licencia Dominio público en Wikimedia Commons (https://commons.wikimedia.org/wiki/File:NUMANTIA1.jpg); **PÁG. 112:** Francisco Franco, bajo licencia Dominio público en Wikimedia Commons (https://commons.wikimedia.org/wiki/File:Francisco_Franco_1930.jpg?uselang=es); Machu Picchu, Perú, de Christophe Meneboeuf, bajo licencia Dominio público en Wikimedia Commons (http://en.wikipedia.org/wiki/Machu_Picchu#/media/File:MachuPicchu_Residential_(pixinn.net).jpg); Muerte de Franco, bajo licencia Dominio público en Wikimedia Commons (http://commons.wikimedia.org/wiki/File:Franco003.jpg); Canal de Panamá, bajo licencia Dominio público en Wikimedia Commons (https://commons.wikimedia.org/wiki/File:PanamaCanal1913a.jpg); Machu Picchu, bajo licencia Dominio público en Wikimedia Commons (http://en.wikipedia.org/wiki/Machu_Picchu#/media/File:Machupicchu_hb10.jpg); **PÁG. 113:** Hiram Bingham cerca de Machu Picchu en 1912, bajo licencia Dominio público en Wikimedia Commons (https://commons.wikimedia.org/wiki/File:Hiram_Bingham_at_Machu_Picchu,_1912.jpg); Carlos Arias Navarro, disponible bajo licencia CC BY-SA 3.0 vía Wikimedia Commons (http://commons.wikimedia.org/wiki/File:Carlos_Arias_Navarro_1975.jpg).